행복한
돈
만들기

THE LITTLE MONEY BOOK
by David Boyle
Original Copyright©2003 Alastair Sawday Publishing Co Ltd
Original edition was Published in English by Alastair Sawday Publishing Co Ltd
Korean Translation Copyright©2006 by Dione Publishing Company
This Korean edition was published by arrangement with Alastair Sawday Publishing Company
c/o David Alexander Literary Agency
through Best Literary & Rights Agency, Korea.
All rights reserved.

이 책의 한국어판 저작권은 베스트 에이전시를 통한
원저작권자와의 독점 계약으로 도서출판 디오네가 소유합니다.
저작권법에 의하여 한국 내에서 보호를 받는 저작물이므로 무단 전재와 무단 복제를 금합니다.

국립중앙도서관 출판시도서목록(CIP)

(삶의 진정한 기쁨과 가치에 기여하는)행복한 돈 만들기 / 데이비드 보일 지음
; 손정숙 옮김. – 서울 : 디오네, 2006

원서명: The little money book   원저자명: Boyle, David
ISBN 89-89903-83-1 03320 : ₩9800

327.2-KDC4
332.4-DDC21   CIP2006000071

삶의 진정한 기쁨과 가치에 기여하는

행복한 돈 만들기

데이비드 보일 지음 | 손정숙 옮김

HAPPY MONEY

디오네

추천사
대안 경제를 위한 또 하나의 발걸음

― 강수돌(고려대 교수, 마을 이장)

　이 책은 우선, 사회 정의에 관한 책이다. 그것은 인류 역사 이래 돈이란 것이 사람과 어떤 관계를 맺어왔는지에 대해 잘 정리해주기 때문이다. 예컨대, 쿠아테목이라는 남미의 한 토착 공동체 대표가 2002년에 유럽 여러 나라들의 대표들에게 행한 연설은 사회 정의에 관한 역사적 시각을 잘 드러낸다. 그 요지는 이렇다. "우리 토착민들은 4만 년의 역사를 가지고 있다. 그동안 우리는 평화로이 잘 살아왔다. 그런데 당신들 유럽인들은 약 500년 전에 우리 토착민들에게 다가와 185톤의 금과 1만 6천 톤의 은을 강탈해갔다. 우리는 그것을 '우호적 차관'으로 준 것이라 생각한다. 그러니 500년이 지난 지금에는 그것을 되돌려달라. 너희들처럼 20~30%의 고리대가 아닌 10%만 계산하겠다. 게다가 200년간의 이자는 과감히 탕감하고 300년에 해당하는 이자와 원금만 달라. 이자만 해도 2002년의 화폐가치로 391x1018달러이다. 과연 당신네들은 우리에게서 그렇게 많은 부를 빌려가 경제발전을 이룩한 결과 우리에게 원금과 이자를 갚을 능력이라도 만들었는가? 당신네들의 경제체제가 합리적이라는데, 그것이 합당한 주장인가?"

다음으로 이 책은 돈의 원리에 관한 책이다. 자본주의와 더불어 교환가치의 대명사로 변해버린 화폐는 금속, 지폐, 은행, 주식, GDP, 카드, 전자화폐 등 여러 형태를 가지면서 오늘날 더 이상 삶의 실물적 측면을 기억하지 못하게 막강한 통제력을 행사한다. 원래 돈이란 사람들의 삶이 풍요로워지도록 봉사해야 한다. 삶이 주체요 목적이라면 돈은 객체요 수단이다. 그런데 갈수록 사람들은 돈에 얽매인다. 부채와 이자 시스템이 삶을 옥죈다. 이제 돈 그 자체가 상품이다. 투자란 이름으로 투기와 한탕주의가 판친다. 돈이 가진 추상적 수치는 복잡다기한 삶의 진실을 억압하는 원흉이 되었고, 돈을 다루는 경제학은 "자폐적 과학"으로 변질되었다. 윌리엄 블룸의 말대로, 원래는 "사람들이 경제를 지지하고 싶어서 이를 창출한 것이 아니라 창조하고 관계를 맺는 과정에서 사후에 경제를 창출한 것"이니, 우리가 주체적으로 경제의 원리와 화폐 체제를 바꾸면 새로운 삶을 창조할 수 있다. 삶의 기쁨과 행복에 기여하지 못하는 돈은 철저히 "미친 것"이다.

또한 이 책은 '세계화'에 대한 비판서다. 오늘날의 신자유주의 세계화 시대에 세계은행, IMF, WTO 같은 국제기구들이 무슨 일을 하는가도 해명된다. 이 책에 따르면, 우리는 저들이 말하는 구조조정안의 폭정을 종식시켜야 하며 국제기구를 민주적으로 개혁하고 후진국이 힘겹게 안고 있는 거대 부채를 탕감하도록 압력을 행사해야 한다. 그 근거는 예컨대 이런 것이다. "니카라과 노동자들은 자기들이 생산하는 진바지 한 벌의 가격을 8센트씩만 인상해달라고 했다고 해서 10년형에 기소됐다. 이런 바지들은 미국의 월마트 같은 대형 소매점에서 한 벌당 30달러씩에 팔려나간다."

그리고 이 책은 대안적 지표 및 대안 화폐 시스템에 관한 책이다. 이 책은 오늘날 별 의미 없는 GNP나 GDP 대신에 지속가능한 경제복지지수인 ISEW를 제시하고, 보다 엄격한 사회감사를 강조한다. 또 무이자화폐의 창출, 화폐 창출 기관의 다양화와 분권화, '테라'와 같이 화폐가치와 실물가치를 연동하는 새 통화 창출, 기초 소득 보장제, 방글라데시의 그라민 은행과 같은 무담보 소액 신용대출 등과 같은 대안 화폐 시스템을 대안으로 검토한다. 이러한 대안들이 실효성을 갖기 위해서는 우리 자신이 가진 탐욕과 오만을 털어내고, 또 그에 기반해서 구축된 온갖 제도와 관행들을 근본적으로 바꾸어 내야 한다. 자발적 간소함 운동, 느리게 살기 운동 등 삶의 '다운시프팅'은 그런 탐욕과 오만에 기반한 생활 태도를 과감하게 탈피하는 새로운 출발이다. 결국 우리가 자신도 모르게 빠져 있는 노동중독과 소비중독의 사슬로부터 스스로 해방되어야 한다. 동시에 사회적, 제도적 변화도 필요하다. 그동안 지역화폐가 중앙화폐로, 중앙화폐가 세계화폐로 단일화되었던 흐름을 이제부터라도 거꾸로 돌려 '다양화' 해야 한다. 그리하여 마을과 공동체들이 진정한 '신뢰'를 바탕으로 스스로 만들고 스스로 운영하는 새로운 '실물-화폐 연동 시스템(그린 머니)'을 구축해야 한다. '레츠'가 그렇고 '커뮤니티 웨이'가 그렇다. '아워즈'가 그런 것이고 '타임달러'가 그런 것이다. 물론 이러한 화폐 제도만 변한다고 될 일은 아니다. 실물 경제 시스템도 친자연적, 친공동체적으로 변해야 하며 자립적이고 협동적인 방향으로 변해야 한다. 사람과 자연을 책임성 있게 배려하는 윤리적 투자, 윤리적 생산, 윤리적 소비가 장려되어야 한다.

요컨대 이 책은 길다면 길고 짧다면 짧은 우리의 한평생을 살아가는 데 있어 너도 나도 골머리를 앓는 돈에 대해 다시 한 번 진지하게 성찰하게 함과 동시에, 결국은 '어떻게 살 것인가'라는 화두에 대해 해맑은 응답의 실마리를 던져주는 책이라 본다.

왜 이 책을 출간하려 하나?

　금융 시스템이라는 어마어마한 기계에는 몹시 기묘하고도 놀라운 '진실'이 숨어 있다. 부자 나라들은 가난한 나라들에게 차관을 주고는 해마다 수입 억 달러씩의 이자를 받고 있다. 차관은 대부분 우리가 뽑아 지지해준 부패한 통치자가 사용했다.
　다음은 남미 토착 공동체의 대표가 유럽 각국 수장들에게 행한 매력적인 연설을 약간 편집한 것으로 시간을 들여 읽어볼 만한 가치가 있다.

나, 과이카이푸로 쿠아테목은 아메리카에서 4만 년 동안 살아온 토착민의 후손이다. 나는 500년 전에 우리를 처음 만난 당신들을 여기서 만나고 있다.
나의 형제인 유럽 고리대금업자들은 내가 결코 보증선 적이 없는 배반한 유다의 빚을 날더러 갚으라 한다.
내 형제, 유럽의 위선자들은 인간과 전 국토를 승인도 없이 사고팔면서 빚과 함께 이자도 갚아야 한다고 설명한다.
오랜 기간에 걸쳐 알게 된 것은 이것이다. 나도 부채 상환을 요구한다. 나도 이자지급을 요구한다.

토착민들의 공문서 보관소에 수북이 쌓인 영수증과 서명은 유럽인들이 1503년부터 1660년까지 아메리카 대륙에서 185,000킬로그램의 금과 16,000,000킬로그램의 은을 퍼내 산루카르 데 바라메라(Sanlucar de Barrameda) 항구에 실어다 날랐음을 증명한다.

아메리카 대륙이 유럽 개발을 위해 지원해준 185,000킬로그램의 금과 16,000,000킬로그램의 은은 숱한 우호적 차관의 첫 번째 사례로 보아야 한다. 그렇지 않다면 이는 전쟁 범죄이며 즉각적인 보상과 그간의 각종 피해, 고통, 손해에 대한 배상이 따라야 하는 문제라고밖에 간주할 수 없다.

이런 어마어마한 자본 이전은 (문명화된) 이슬람과의 전쟁에서 폐허가 된 (야만적인) 유럽의 재건을 보장하는 '마셜 테수마 플랜'의 시작에 다름 아니었다.

그러니 우리는 이 차용증서 작성 500주년을 기념해 묻고 싶다. 우리의 유럽 형제들은 그토록 너그럽게 공여된 엄청난 금액의 국제 인도-아메리칸 펀드를 책임감 있게 합리적이면서도 생산적으로 사용했는가?

슬프게도 답은 '아니올씨다'다. 그들은 전장에서 이 돈을 낭비했다. 무적함대를 양성하는 데, 레판토 전투에, 제3제국*에, 그외 모든 상호몰살극에 써버렸다.

그들은 500년간의 모라토리움**을 거치고도 원금과 이자를 갚지 못했음

---

* 히틀러 치하의 독일
** 지불유예선언

은 물론이려니와 제3세계가 수출하거나 지속적으로 제공하는 배당, 원재료, 값싼 에너지 등을 무임 이용하고 있다.

이 통탄스런 광경은 보조금을 받은 경제는 결코 제대로 작동하지 않는다는 밀턴 프리드먼의 견해를 입증한다. 오랫동안 너그럽게 청구를 미뤄온 우리가 원금과 이자를 돌려받는 일은 그리 쉽지 않다. 우리는 유럽의 형제들이 제3세계 사람들에게 요구하는 20~30%에 달하는 악랄한 고리대금 이자를 요구하는 게 아니라는 점을 분명히 하겠다. 우리의 요구는 가져간 귀금속의 반환과 함께 적정수준의 이자율인 10%로 300년간의 누적 이자를 계산해달라는 것이다. 나머지 200년의 기간에 대해서는 탕감해주겠다.

우리는 이런 전제 아래 유럽식 복리를 적용해 '발견자'인 유럽의 형제들에게 빚이 얼마인지를 알려주려 한다. 일단 그들은 원금으로 185,000킬로그램의 금과 16,000,000킬로그램의 은을 빚지고 있다. 여기에 이자로 말하자면 440,000,000,000,000,000킬로그램의 금과 38,000,000,000,000,000,000킬로그램의 은(또는 달 덩어리의 1%)을 돌려받아야 한다. 이를 2002년 중반의 화폐가치로 환산하면 391,000,000,000,000,000,000달러에 달한다.

그다지 높지 않은 이자다. 그런데도 불구하고 지난 500년간 유럽은 이를 갚을 만한 재원조차 창출해내지 못했다. 이는 유럽의 금융 시스템이 처절하게 실패했고 이의 전제가 되는 자본주의가 지독하게 비합리적이었다는 점을 반증한다.

이런 형이상학적인 의문들은 우리 인도-아메리카인들의 마음을 산란하게 하지는 않는다.

하지만 우리가 부채를 짊어진 유럽 사람들을 제재하기 위해 양해각서에 사인을 요구하고 이 역사적인 부채의 상환을 위해 그들에게 급속한 사유화와 재정긴축을 요구했다면 어떻게 됐을까.

—과이카이푸로 쿠아테톡(Guaicaipuro Cuatemoc)

서론

> 인생보다 부유한 것은 없다.
> 사랑하고 기뻐하고 존경할 힘을 모두 포함하는 인생.
> 고상하고 행복한 사람을 가장 많이 길러낸 나라가 가장 부유한 나라이며
> 인생의 가능성을 최극대로 끌어올려 실현시킴으로써 개인적으로건,
> 자기 소유물을 통해서건 다른 이의 삶에
> 가장 폭넓고 유용한 영향을 끼친 이가 가장 부유한 사람이다.
> —존 러스킨(『이 최후의 사람에게(Unto This Last)』 중에서)

가난뱅이부터 억만장자까지 모두 돈 걱정을 하면서 산다. 은행잔고를 걱정하고 주식, 퇴직연금, 청구서를 걱정한다. 돈이 조금만 더 있으면 모든 문제가 풀릴 거라고 생각한다. 하지만 희한하게도 세계 최대의 부국 미국 사람들이 돈 걱정을 가장 많이 하고 가장 의기소침해 있다.

더 나쁜 것은 우리가 재정문제를 붙들고 씨름할 때면 언제나 금융전문가라는 두려운 전도요원들을 만나게 된다는 것이다. 그들 가운데는 우리 돈을 손에 넣기 위해 필요한 말이면 무엇이든 할 것처럼 보이는 사람도 있고, 언제나 기묘하고 이해 불가능한 전문용어만 고집하는 사람도 있다. 양로보험이며 네거티브 이퀴티*, 채권과 헤지펀드, 기타 저 숱한 것들이 다 뭐란 말인가. 아마 그것들 없이는 어떻게 해나갈 수 없다는 것을 느끼도록 하는 데 동원됐

을 것이다. 우리 가운데 다수가 방문을 걸어 잠그고 앉아 재무장관 시절의 알렉 더글러스 흄처럼 성냥개비를 가지고 예산을 짜맞추느라 골머리를 앓는다 해도 놀라울 일은 아니다. 또는 이마저 실패해 요행단 바라고 어쩔 수 없이 앉아 있다 해도.

고민하면 할수록 더욱 돈과 씨름하게 된다는 것이 현대사회의 야릇한 특성이다. 우리는 인류 역사상 가장 부유한 사회에 살고 있지만 그 어떤 시절보다 더 많은 시간을 돈 걱정으로 보내고 있다. 부분적으로는 돈이 충분해 보이지 않기 때문이지만 또 다른 측면에서는 지속적으로 돈 걱정을 하도록 내몰리고 있기 때문이다. 광고며 아침신문 재테크 페이지며 할 것 없이 우리 모두가 주택보험, 자동차 보험, 모기지론, 크레딧 카드 이자율, 무담보대출, 단위형 투자신탁, 비과세 주식저축, 연금, 장례비용 등에 보다 신경을 곤두세우도록 획책한다.

우리 대부분은 연금총액의 은밀한 운용 시스템이나 생명보험이 산출되는 보험계리표 등을 이해하지 못한다. 사실 살아가면서 할 일이 아주 많기 때문에 이를 마스터할 시간까지는 내기 어렵다. 그렇다고 우리 대신 일 처리해주는 사람을 완전히 신뢰할 수 있는 것도 아니다. 하지단 금융과 관련된 욕구를 마음속에 꾹꾹 눌러두고 노출시키지 않는다고 해서 그 욕구가 화산처럼 부글부글 끓어오르는 것을 모를 리는 없다. 그것은 온 세상을 끌고 다닐 만큼 엄청나게 힘 세고 이상하고 제대로 이해돼본 적이 없는 욕구다.

* negative equity : 담보물의 가치 하락으로 생겨난 부채

우리는 그 모순과 역설을 잘 알고 있다. 한편으로는 돈이란 세상이 지닌 근본적 부의 표현이다. 돈은 때로 강력하고 파괴적인 힘을 사람들에게 행사한다. 다른 한편으로는 하루 2조 달러씩 컴퓨터 화면에 흘러들어오는 무형의 전자 신호로 석유선물이나 외환선물처럼 실체가 없는 이상야릇한 물건을 거래한다. 어쨌든 실물세상이 전혀 생산해낼 수 없는 양으로 쏟아져나온다.

우리는 돈을 볼 수 없다. 돈은 화폐에 대한 모든 정의를 미끄러지듯 빠져나간다. 하지만 때로 이는 세상에서 가장 강력한 힘이 된다. 그렇기에 인생의 실물적 측면, 즉 나무, 사람, 강, 종(種) 등이 집단 기억에서 지워져버리도록까지 통제력을 행사할 수 있다.

그러니 다음에도 여전히 은행잔고 때문에 골머리를 앓게 된다. 그리고 이웃이나 금융전문가들의 종용에 못 이겨 인다우먼트 모기지**를 받은 게 잘한 일인지 걱정이 되거든(나 역시 그랬다) 그게 독자 혼자만의 문제가 아니란 걸 기억하라. 돈과 돈을 돌도록 만드는 복잡한 시스템은 우리가 고안해낸 인간 두뇌의 산물이다. 때문에 비록 프랑켄슈타인처럼, 때로는 매혹으로, 때로는 복잡함으로, 때로는 처치 곤란한 고집으로 우리 모두를 쥐락펴락하더라도 우리는 이 움직이는 규칙을 바꿀 수 있어야 한다. 우리가 화폐의 내적 움직임에 대해 참견하거나 또는 우리만의 것을 고안해 화폐가 사람들을 반목하도록 하는 대신 사람들에게 봉사하도록 하는 새로운 방법을 찾을 수 있다면 우리들 스스로 어느 정도 통제력을 되찾을 수 있을 것이다.

**endowment mortgage : 양로보험 수령액으로 갚는 주택담보대출

이 작은 책은 이처럼 힘의 균형을 회복하기 위해 만들어졌다. 이는 은행이나 보험회사 판매원들이 분기별로 계정에 얼마나 더 많은 수익을 올려줄 수 있는지 선전하면서 우리 손에 쥐어주는 번드르르한 금융 가이드가 아니다. 이는 또한 경제학이란 어려운 세계에 달통하지 못한 사람들의 접근을 무조건 막아버리는, 그래프로 가득 찬 경제학 교과서도 아니다. 이 책은 돈이 어디에서 오고, 무엇을 의미하고, 세상을 위해 무슨 일을 하고 있고, 또 우리가 돈에 대해 무슨 일을 할 수 있는지를 이야기해줄 것이다.

이 책은 어떻게 투자해야 하는지를 설명해주는 금융 가이드가 아니다(뭐, 몇 가지 힌트야 줄지 모르지만). 하지만 은행 담당직원이 대답하지 못한 우리의 모든 궁금증에 대해 말해줄 것이다.

또한 이 책은 돈에 대한 최신 논쟁들을 간략히 설명해줄 것이다. 수익을 더 많이 올리는 방법에 대한 논쟁이 아니라 돈이 우리에게 어떤 역할을 하는지, 돈을 창출해내는 더 나은 방법은 없는지, 잠시라도 돈 없이 살 수 없는지 등의 쟁점에 대한 것이다. 또한 정치인이나 금융 중개인들이 오래 생각하고 싶어하지 않는 진실도 말하려 한다. 그들이 어떻게 거대 금융시스템에 대한 통제력을 잃게 됐는지를 적나라하게 알려줄 것이다. 또한 금융 시스템이 하려고만 들면 순식간에 우리 모두를 부자로도 알거지로도 만들어버릴 수 있다는 사실도. 한마디로 이 작은 책은 독자가 은행 계정부터 주머니에 든 동전 한 닢까지 완전히 새로운 시각으로 보게 만들 것이다. 심지어 독자의 삶을 변화시킬지도 모른다.

―데이비드 보일

차례
C·O·N·T·E·N·T·S

4   추천사 | 대안 경제를 위한 또 하나의 발걸음 – 강수돌(고려대 교수, 마을 이장)
8   왜 이 책을 출간하려 하나?
12   서론

1장_ 메탈 머니

24   **돈이란 무엇인가?**
       또 어디에서 오는가?

29   **돈의 기원**
       우리 생각과는 다르다

32   **황금**
       미개인의 유물

35   **인플레이션**
       콜럼버스와 원죄

38   **고리대금업**
       거대한 논쟁

41   **세계은행과 IMF**
       국제적 비용 계정

45   **거대 통화와 유로**
       아직도 여전한 금본위제를 향한 꿈

48   **화폐를 혁신한 사람들 1**
       애덤 스미스와 자유무역

52   **화폐를 혁신한 사람들 2**
       케인스, 그리고 화폐가 기능을 잃을 때

2장_ 머니 인포메이션

- 56 **종이호랑이**
  위조지폐의 성장과 은행업의 시작
- 59 **중앙은행**
  영란은행
- 62 **실체가 없는 돈**
  에테르 거래
- 65 **주식시장**
  세계의 빅뱅
- 70 **보험**
  우리의 안전을 지키는 데 따르는 위험
- 73 **화폐의 흐름**
  흘러나간 돈이 되돌아 들어오는 과정
- 77 **전자화폐의 성장**
  전자 기록의 발생
- 80 **역외은행**
  돈은 모두 어디로 갔을까?
- 83 **소유권**
  돈의 숨은 힘
- 88 **세계화**
  돈의 법칙

3장_ 돈의 측정

- 94 **최초의 회계사들**
  파치올리와 부기(簿記)
- 97 **마지막 회계사들**
  엔론의 저주

100	**미쳐버린 GDP**	돈이 전부가 아닌 이유
104	**행복**	돈이 훌륭한 가이드가 될 수 없는 이유
107	**효율성**	무능력의 숭배
110	**중요한 것 측정하기 1**	대안적 지표
113	**중요한 것 측정하기 2**	사회감사
116	**다른 종류의 자본**	돈밖에 없는 게 아니다
119	**환경세**	나쁜 것에 세금 매기기
122	**비용-편익 분석**	모든 것의 가격 알기
125	**기업 보조금**	부자들을 위한 복지정책

4장_ 부채(負債)

130	**화폐에 숨겨진 흠집**	이자 때문에 생기는 말썽
133	**모기지**	죽음의 덜미잡이
136	**부채 1**	지구를 짓누르는 것
140	**부채 2**	미국을 짓누르는 것
143	**돈은 모두 어디로 가버렸나?**	현대적 화폐의 문제점

147	연금
	꼬리를 물고 일어나는 스캔들
151	돈을 만들어내는 또 다른 방법 1
	더 많은 현찰 창출하기
154	돈을 만들어내는 또 다른 방법 2
	사회신용설과 녹색셔츠단의 발흥
157	돈을 만들어내는 또 다른 방법 3
	석유, 금속, 식량…… 지구촌의 새로운 통화
160	국민의 소득
	생존권
163	소액 신용대출
	작은 은행이 아름답다

5장_ 미친 돈

168	범죄에 연루된 돈
	그림자경제
171	석유의 저주
	지금 왜 아무것에도 실체가 없나
174	실물 세상이여 안녕
	상품이 돼버린 돈
178	추상성
	포스트 자폐증 경제를 향해
181	위조
	위조지폐에 대한 징벌
184	대폭락 1
	튤립 마니아부터 남해거품사건까지
188	대폭락 2
	1929년 월스트리트
191	대폭락 3
	정크본드

194	**대폭락 4**
	닷컴 대폭발
197	**대폭락 5**
	파생상품
200	**화폐 흐름 진정시키기**
	토빈세
203	**새로운 억만장자**
	빌 게이츠의 세계

6장_ DIY 머니

208	**화폐 창출하기**
	화폐 창출에 따른 도전
212	**가치가 줄어드는 돈**
	어빙 피셔와 스탬프 화폐
215	**실질 가치 화폐**
	불변 가치 화폐
218	**채소 화폐**
	각자 찍어내기
221	**DIY 화폐 1**
	레츠(LETS)
224	**DIY 화폐 2**
	'공동체 방식'
228	**DIY 화폐 3**
	아워즈(Hours)
232	**DIY 화폐 4**
	타임뱅크와 타임달러
237	**그린머니**
	우리를 지속가능하게 만드는 통화
240	**국내 방출권 거래**
	온실효과에서 나온 화폐

243	나날이 증가하는 물물교환
	물건 맞바꾸는 상점
246	돈의 미래
	멀티 통화 세상

7장_ 영적인 돈

250	돈은 실제로 존재하는가?
	최후의 순간에는 가지고 갈 수 없다
253	모든 것을 기부하다
	박애주의의 짜릿함
256	다운시프팅
	자발적 단순성
260	윤리적인 소비
	슈퍼마켓의 통로를 지키는 불침번
264	윤리적 투자
	도덕적인 돈
268	탐욕 치료법
	문제의 기초
271	연금술
	현자의 돌이라는 마끼

273	결론
279	역자 후기 | '돈이 더 많은 삶'이 아니라 '진정한 인간적 삶'
281	인터넷 소스

1장
메탈 머니

우리가 돈으로 삼고자 하면 무엇이든 돈이 될 수 있다. 문제는 우리 모두가 돈과 진짜 부(富)를 혼동케 하는 세상, 돈과 은행잔고를 영속적인 세속의 가치와 뒤섞어버리는 세상에 살고 있다는 점이다. 우리 모두가 약간씩이라도 돈에 사로잡혀 있을 수밖에 없다는 것은 놀라운 사실이 아니다.

돈이란 무엇인가?
또 어디에서 오는가?

돈이란 추상적인 행복이다.
때문에 더 이상 구체적인
행복을 즐길 수 없는 인간은
전심전력으로 돈만을 추구한다.
-쇼펜하우어

돈은 일상생활에서 늘 사용하고 있고 머릿속에서도 떠나지 않는 것인데도 그 실체를 파악하는 일은 쉽지 않다. 돈이란 무엇인가는 고사하고 때론 돈이 어디에 쓰이는지에 대해서도 명쾌한 합의에 이르지 못한다.

극단적인 예를 들어보자. 폴리네시아 일부 지역에서는 해변의 조개껍질이 돈으로 쓰인다. 캐롤라인 제도에서는 둘레가 12피트(약 3.6미터)인 돌덩이가 돈의 기능을 한다. 이런 돈은 도둑맞을 위험은 덜하겠지만 거스름돈으로서의 유용성이 크게 떨어질 것이다.

한편 월스트리트에서는 돈이란 길고 긴 디지털 정보의 나열로 표현될 것이다. 이런 곳에서라면 돈이 실제 세상의 상품과 아무런 관련도 없다고 여겨질지도 모른다.

어느 것이 진짜 돈이고 어느 것이 아니라고 할 수는 없다. 모두 다 뼛속까지 진짜이며 돈의 각기 다른 기능과 관련돼 있

다. 경제학자들은 돈의 기능이 3가지라고 한다. 첫째 가치의 저장수단(돌덩이처럼), 둘째 가치의 표준(만인이 이해할 수 있는), 셋째 교환의 수단(스스로는 가치를 지니고 있지 않은 채 정확한 가격에 교환이 일어날 수 있도록 돕는 조개껍질처럼)이다.

사고 싶은 것을 마음껏 살 수 있게 해준다면 담배 개비 같은 것도 돈이 될 수 있다. 화폐처럼 가치 있는 것, 황금처럼 희소해서 티싼 것도 돈일 수 있다. 주권(株券)이나 구리 선물(先物)처럼 좀 더 복합적이고 신축성 있는 것도 돈이요, 누군가 키보드를 잘못 깔고 앉는 바람에 은행 계좌에서 지워져버린 어떤 것도 돈일 수 있다(이런 실수들이 의외로 자주 생긴다). 때론 여러 가지 요소들이 조금씩 합쳐져 돈이 되기도 한다. 스페인 정복자들이 라틴 아메리카의 잉카에서 약탈해 유럽으로 실어온 황금처럼 말이다. 세상의 거의 모든 것이 돈으로 쓰일 수 있다.

문제는 돈이 이처럼 여러 가지 속성을 두루 조금씩 지니고 있다는 점이다. 돈이란 화폐이자 부채(負債)이다. 플라스틱 신용카드이자 사이버 공간 속 바이트의 무한 연속이다. 그 사이버 공간 안엔 실제 우리들의 은행 계좌가 들어 있기도 하다.

그 외에도 몇몇 사람들에겐 돈이란 다른 사람들에게 보다 더 신축적인 무엇이 되곤 한다. 전세계 극빈층이 하루에 고작 몇 펜스로 생계를 꾸려나갈 때 월스트리트나 런던 시티*의 소위 '우주의 지배자' ─톰 울프가 『허영의 불

---

*런던의 금융중심가

꽃』*이란 책에서 말한 바 있는―들은 거의 무한하게 신축적인 머니 시스템 안에서 살고 있다. 1991년 건달 금융재벌 로버트 맥스웰이 비스케 만(灣)의 요트에서 투신했다. 그때 그는 짐바브웨의 2배에 달하는 엄청난 부채를 지고 있었다.

머니 시스템의 여러 가지 속성 가운데서도 가장 불공평한 것이 이것이다. 어떤 이들에겐 돈이 그렇게 신축적이고 비현실적이고 무제한적인 데 비해 어떤 이들에겐 너무나도 딱딱하게 굳어 있다는 것. 어떤 이들은 돈의 규칙을 거듭 만들어내고 어떤 이들은 거기 깔려 죽는다.

그 돈이 일차적으로 어디서 나오는가? 많은 이들이 아직도 오해하는 게 있다. 세계의 부(富)가 영란은행(BOE)이나 미 연방준비제도이사회 또는 포트 낙스**의 지하금고에 갇혀 있는 막대한 금괴 때문에 가치가 지지되고 있다는 것이다. 이는 옳지 않다.

물론 금고에 쌓여 있는 금괴는 각국 정부의 이름을 단 출납창고로 여기저기 옮겨지고 있다. ―황금이 배를 타고 전세계를 도는 건 아니다. 하지만 그건 역사적으로 국부를 저장하는 가장 손쉽고도 이례적인 한 사례였다. 각국 중앙은행들은 지난 1990년대 내내 어떻게 하면 국제 금 가격을 내리지 않고 금고에 보유한 금을 은밀히 팔아치울 수 있을까 궁리해왔다(물론 이는 실패로 돌아갔다).

---

*톰 울프의 베스트셀러 제목으로 영화화되기도 했다. 승승장구하던 투자전문가가 한순간 궁지에 몰리는 사건을 통해 1980년대 미국 사회를 풍자하고 있다.
**미 연방 금괴보관소가 있는 곳.

실제로 파운드는 대공황이 정점에 이르렀던 지난 1931년 이래 금으로 지지되지 않는다. 1971년엔 리처드 닉슨 미 대통령이 미 달러 가치가 금으로 지지된다는 허위를 깨뜨림으로써 화폐와 금과의 마지막 남은 관련마저 끊어버렸다.

5파운드짜리 지폐에 써 있는 '원할 경우 소지자에게 지불함'이라는 문구를 읽고 그걸 영란은행에 가져간다고 해도 되돌려받는 건 똑같은 5파운드 지폐일 뿐이다.

물론 동전이 있긴 하지만 백동(白銅)으로 만들어져 10펜스, 50펜스 등 앞면에 새겨진 값어치 이상을 하지 않는다. 영국 조폐국이 찍어내 영란은행이 유통시키는 지폐와 동전과 그 등가물의 총 가치는 유통 중인 돈 가치의 고작 3%에 불과하다.

나머지 97%는 어디서 오는가. 놀랍게도 이에 대해서는 의견통일이 이뤄지지 않고 있다. 하지만 대부분의 의견은 시중은행이 대출을 반복하는 과정에서 창출된 통화라는 데 모아지는 것 같다. 돈을 은행에 맡기면 은행에서는 대략 8% 정도를 지불준비금으로 예치해둔다. 예금자가 찾으러 올 때를 대비해서다. 이를 제외한 나머지 금액은 반복적으로 대출될 수 있다. 바꿔 말하면, 모기지론* 등 우리가 이용하는 은행 대출의 대부분이 가치 마법처럼 사인 한 번으로 이뤄지는 셈이다.

그러다 어느 날 이자까지 쳐서 대출금을 갚아야 할 때가 온다. 은행에 상환

---

*주택담보대출

된 돈은 다시 지불준비금 8%를 떼어놓고 더 많은 대출을 하는 데 쓰인다. 그런 일이 반복된다. 마법 같은 통화 창출 시스템인데도 놀라우리만치 언급된 적이 드물다. 이런 과정을 제한할 수 있는 것은 2가지뿐이다. 바젤 국제결제은행의 규약이 하나요, 부도가 날 경우 대출금을 어떻게 회수할 것인가 하는 두려움이 또 하나다. 실제로 대출의 10% 정도는 회수불능 채권이 되곤 한다.

이런 것들이 현대의 통화 뒤에 숨은 기묘한 진실이다. 우리는 돈을 광산에서 채굴하지 않는다. 해변에서 발굴하지도 않는다. 돈은 실물과는 하등 상관이 없다. 그런데도 어떤 이들은 엄청난 돈을 가지고 있고 어떤 이들은 돈이 없어 절절맨다. 상황이 이런데도 우린 이 문제를 거의 언급하지 않는다.

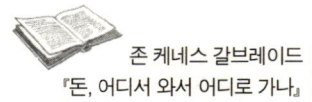
존 케네스 갈브레이드
『돈, 어디서 와서 어디로 가나』

돈의 기원
우리 생각과는 다르다

더 나쁜 것은
선물을 주지 않는 것이다.
우리는 늘 지닌 것을 주곤 한다.
그게 함께 살아가는 방식이다.
-윌리엄 블룸, 『돈, 심장, 마음』 중
칼라하리 부시맨의 얘기 인용

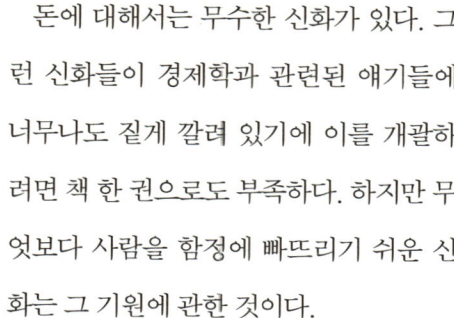

돈에 대해서는 무수한 신화가 있다. 그런 신화들이 경제학과 관련된 얘기들에 너무나도 짙게 깔려 있기에 이를 개괄하려면 책 한 권으로도 부족하다. 하지만 무엇보다 사람을 함정에 빠뜨리기 쉬운 신화는 그 기원에 관한 것이다.

경제학자나 정치가들이 수도 없이 말해온 대로 돈이란 거래를 활성화하는 수단으로 태어났다. 그것은 물물교환의 비효율성 때문에 개발됐고 마찬가지 이유로 경제학의 심장으로 보이는 개인적인 부(富)와 경쟁 추구가 우리의 마음에도 자리 잡게 됐다는 것이다. 또는 돈이란 사업 세계에서 경쟁하려는 우리 내적 욕구의 표출이라는 얘기도 있다. 하지만 이는 진실이 아니다. 탐욕도 비효율성도 돈이 태어나도록 이끌어내지 못했다. 물론 물물교환은 비효율적이었다. 우리는 타인이 가진 것이 필요한데 세상은 항상 원하는 대로 흘러가지 않는다. 1990년대 러시아 등 일부 사회를 현찰 없이 돌아가게끔 한

물물교환 계획은 끔찍이도 복잡하고 말도 못하게 불편하긴 했다(p245 참조). 하지만 그것이 돈이 태어난 이유는 아니었다.

　인류학자 대부분은 돈이 어떤 의식(儀式)에 따른 선물의 형태로 출발했다는 데 동의한다. 그것은 옆 부족과의 만남을 위해 준비된 선물이거나 처음 맞아들인 아내의 아버지에게 드리는 것이거나 신에게 바치는 것이었다. 'pay(지불하다)'라는 영어 동사는 'pacare'라는 라틴어에서 왔는데 이는 달래다, 진정시키다, 평화롭게 지내다 등의 뜻이다. 돈의 기원은 평화를 얻는 수단이었다.

　기원전 950년경 솔로몬과 시바 여왕의 만남을 예로 들어보자.『돈의 역사』의 저자 글린 데이비스는 이렇게 말했다. "호사스런 겉치레, 상대방을 능가하는 훌륭한 선물, 상호주의 의무 등이 이 유명한 만남에 전형적으로 엿보인다. 비록 다른 곳에서는 왕자급에 걸맞은 보다 세속적인 물물교환 방식이 일어났지만."

　사실 1949년까지도 서아프리카에서는 '마닐라스(manillas)'란 철제 장신구가 돈으로 쓰였다. 태평양 지역의 몇몇 의식에서는 아직도 특별한 고래의 이빨이라든지, 식용 쥐 등이 종교의식에 바쳐져 돈의 기능을 한다. 조금만 영리하다면 이런 데서 돈의 기원을 쉽사리 알아볼 수 있을 것이다. 하지만 경제학자들은 늘 이런 것들을 기묘하고 혐오스럽다고 생각했다. 관료들은 그런 관념들 전체를 뿌리 뽑으려고까지 했다. 캐나다 당국은 1884년에서 1951년 사이에 아메리카 원주민들의 축하연인 '포틀래치' 의식을 불법이라고 규정하기도 했다. 이는 사회적·종교적인 의식에 선물교환을 합쳐놓은 것으로 그들 사회의 핵심이었다.

이것은 무엇을 의미할까? 경제학이란 애초부터 희소한 자원을 두고 서로 다투거나 상대방을 기만하는 데 돈을 쓰는 미개인들에 대한 학문이 아니라는 것이다. 차라리 상호 인정을 위한, 인간관계를 용이하게 하기 위한 학문이다. 이젠 돈의 두 번째 기능이 인간관계를 통화(通貨) 관계로 대체하는 데 있다는 점을 기억하는 게 중요하다. 재화가 주고받는 물건이 아니라 판매를 위한 것이 될 때, 즉 노인들이 자녀와 함께 지내기보다 양로원에 의탁하게 될 때 관계는 돈으로 대체돼버린다.

작가 윌리엄 블룸은 "사람들이 경제를 지지하고 싶어서 이를 창출한 것이 아니라 창조하고 관계를 맺는 과정에서 사후에 경제를 창출한 것"이라고 말했다. 그러니 경제학에 너무 깊이 빠질 것은 못 된다. 우리를 둘러싼 경제를 창조한 것은 우리이며 이를 바꾸고 싶으면 그렇게 하면 되는 것이다.

> "리디아의 풍습은 매춘을 했다는 것을 빼곤 그리스와 다를 게 없다."

윌리엄 블룸
『돈, 심장, 마음: 사람과 세상을 위한 금융 웰빙』

황금

미개인의 유물
헤로도투스가 말한 화폐의 발명가

헤로도투스는 기원전 7세기경 지금의 터키 지역에 살았던 리디아인들이 최초의 동전을 만들었다고 한다. 대략 1세기 만에 돈이라는 개념이 그리스와 북아프리카 지역으로 퍼졌다. 중국에서조차 동전이 나오기 전에 이미 화폐 노릇을 해왔던 도구와 조가비를 대체할 금속들을 만들어내 쓰고 있었다.

문제는 헤로도투스가 지적했듯이 금속 동전으로 교체되는 과정이 썩 자랑할 만하지 못했다는 것이다. 동전의 도입은 거대한 무역 제국의 건설보다는 오히려 매춘과 관련이 깊다.—최초의 포주는 리디아인들이었다. 어쨌든 이는 사람들이 가격이나 부채 등을 과거와 비교할 수 없이 정확하게 계산해낼 수 있게 됐다는 것을 의미했다. 불행하게도 동전은 부의 본질에 대해 혼란을 가져다줬다. 돈은 처음엔 부(富)의 증표였지만 곧 그 자체로 가장 중요한 것이 돼버린다. 사람들은 금이나 은을 부 그 자체로 믿어버렸고 돈이 친숙해

지자마자 그에 대한 혼란에 사로잡히게 됐다. 마음속으로야 어떻게 알고 있건 사람들은 이렇게 받아들이는 것처럼 보인다.

- 금속이란 단순히 우리 인간의 내적 부를 표상하는 징표라기보다는 그 자체로 부이다.
- 부의 총량은 세상에 존재하는 금의 총량에 따라 어느 정도 제한된다. 때문에 세상엔 돈이 충분히 유통되지 않는다.
- 오로지 금 또는 금을 안겨줄 수 있는 것들만이 중요하다.
- 돈의 관점에서 값어치 있는 것들(집, 햄버거 프랜차이즈, 다이아몬드 반지 등)이 돈으로 환산할 수 없는 고아를 위한 일이나 돌보기, 사랑 등보다 훨씬 가치 있다.

이런 착각들 때문에 인류는 가장 소름 끼치는 실수를 저질러왔다. 1492년 크리스토퍼 콜럼버스를 좇아 신대륙에 도착한 정복자들은 이곳에서 금 세공품을 깎아내 대서양 건너로 되실어 날랐다. 그 양이 상당했기에 1세기 이상 극심한 인플레이션이 이어졌다.

돈만이 중요하며 오로지 돈으로 환원될 수 있는 것들–목재 잘라내기, 멋진 자연경관을 휴양지로 만들기 등–만 측량하고 보존할 가치가 있다고 설득하려 드는 오늘날의 경제학자들도 똑같은 실수를 저지르는 셈이다. 『측량할 수 없는 재산(Wealth Beyond Measure)』이라는 책을 쓴 폴 에킨스는 이렇게 말했다. "산업사회에서의 휴머니티란 마치 미다스 왕처럼 행동하는 것이다. 그는 자기 딸까지 황금으로 바꾸고 나서야 비로소 부(富)의 한계를 깨달았다."

위대한 경제학자 존 메이너드 케인스는 황금을 '야만시대의 유물'이라고 했지만 불확실성의 시기에 우리는 여전히 그것을 갈망한다. 1931년 이후 대부분의 화폐가치는 더 이상 금으로 지지되지 않게 됐다. 그러나 지당하게도 우리는 실재하는 무언가가 화폐가치를 떠받쳐주기를 바란다. 숱한 바이트의 조합으로 존재하는 오늘날의 부채(負債) 정보 따위가 아니라.

문제는 교환의 매개에 대한 인간의 욕구를 만족시켜줄 만큼 지구상에 금이 충분치 않다는 점이다. 극소수 부자들에게나 충분할 뿐이다. 콜럼버스가 첫 번째 항해에서 돌아왔을 때 땅에서 채굴돼 세공된 금은 15억 온스였다. 자그만 연립주택 몇 채를 채울 분량이었다.

영란은행이나 미 연방준비제도이사회 지하에 가면 금괴들을 볼 수 있다. 그 하나하나는 런던 아파트 한 채 값과 맞먹는다. 그만큼 예외적이고 희귀하다. 따라서 우리 대부분에게 돈을 공급하기엔 충분치 못하다.

글린 데이비스
『태초부터 지금까지 돈의 역사』

인플레이션
콜럼버스와 원죄

"월스트리트는 이론적으론
국가의 중추적 요구들을 충족시키기
위한 금융 시스템의 중심지다.
하지만 사실 그곳은 선택된
극소수 사람들이 백만장자가
되고자 하는 끝없는 욕심과 야망을
충족시키도록 조직된
투기의 중심지다.
그 같은 사실 때문에 월스트리트가
국가의 중요한 필요를 충족시키기
위해 어떤 일을 해도
모두 부차적이고 일그러지고
왜곡된 것이 되고 만다."
-랄프 보르소디,
 선구적인 환경운동가

콜럼버스가 고국으로 가져갈 황금을 가득 실은 대범선들은 파국적인 인플레이션을 초래했다. 재화의 개수는 똑같은데 갑자기 대륙엔 돈이 홍수처럼 넘쳐나 결국 물가만 올랐다. 콜럼버스의 발견 이후 한 세기 만에 유럽에서 유통되는 돈은 8배로 불어났고 스페인과 오토만 제국의 지불준비금은 바닥이 보일 지경이었다. 그 결과 스페인 제국이 무너졌다.

지난 몇십 년간 물가가 급속히 치솟았던 영국에서 사람들은 인플레이션이 탐욕스런 노동조합과 고임금이 빚어낸 합작품이라고 아무렇지도 않게 말할 수 있었다. 인플레이션을 치유하려면 경제 시스템에서 돈이 말라붙을 정도로 쥐어짜면 된다는 생각을 품어도 괜찮았다. 이는 통화주의라고 알려진 절차이기도 하다.

하지만 그런 것들은 모두 오해다. 살아가는 데는 돈이 필요하다. 돈의 공급을 억지로 끊어버리면 가난한 사람들이 가장 먼저 고통받는다. 돈이 없다면 우리 모두는 죽는다. 케인스의 말에 따르면 "촛농이 흘러내리는 양초를 들고 지하 묘지를 순례하는 것"처럼. 경제학은 인내심으로 버텨온 사람들까지 피를 흘리게 하는 지경에 이르렀다.

물가가 뛰는 것은 그 때문이 아니다. 화폐가 늘어날 때 재화와 서비스가 함께 늘어나 균형을 맞춰줘야 한다. 화폐가 투기적 목적으로 창출된다면—사실 요즘 세상에서 손바뀜이 일어나는 화폐의 97% 이상은 단기 투기가 목적이다—그것이 인플레이션의 요인이 될 것이다. 설상가상으로 은행 측이 사인 한번 해서 이자 수령이란 조건이 붙은 대출을 해주고, 이를 통해 통화를 창출해낸다면 이 역시 인플레이션을 유발할 수밖에 없다(p136 참조).

영국에 유통되는 화폐량이 지난 30년간의 추세대로 늘어난다면 2022년의 통화량은 14조 파운드에 이를 것이다. 현재는 7,000억 파운드 정도다. 이 가운데 은행이 찍어내는 통화는 극히 일부분에 불과하다. 나머지는 은행이나 주택조합의 대출로 창출되는 것이다.

이처럼 돈은 늘어나는데 이에 대응하는 재화 생산량은 거의 일정하다. 또한 대부분이 투기 목적으로 전자신호로 된 시장 속을 흘러다닌다. 때문에 귀중품 가격은 빠르게 치솟는다. 지난 30년간 우리는 심각한 집값 인플레이션을 경험했다. 하지만 다른 물건들 가격은 오르지 않고 있다. 금융당국이 보통 사람들에게까지 일확천금의 떡고물이 흘러들어갈 수 있을 거라고 기대하지 않기 때문이다. 그들에게 긴축은 불가피한 선택이다.

20세기 중반의 사회운동가들은 인플레이션을 도둑질이라고 생각했다. 정부가 돈을 너무 많이 찍어내 화폐가치 하락을 자초하고 있다는 것이었다. 사실이지만 그 반대도 역시 사실이다. 실물경제, 재화, 사람들의 삶을 그대로 둔 채 통화만 거둬들여 버리면 보통사람들의 생활은 짓늘리게 되는 것이다.

영국의 통화량
1971년 310억 파운드
1996년 6,650억 파운드(2,145% 증가)

랄프 보르소디
『인플레이션과 케인스 경제학자들이 당면한 파국』

고리대금업

거대한 논쟁

고리대금업을 이용하는 이들은 사탄의 손에 사로잡혀 굴복해버린 경우를 빼고는 다시 일어설 수 없을 것이다.
- 코란

이슬람교도들에겐 능력에 따라 수입의 일부를 사회에 기부해야 한다는 생각이 있다. '자카트'라고 불리는 희사금 제도다. 이런 전통은 아무도 배를 곯아서는 안 된다는 이슬람교도의 사상에 따른 것이다. 부자는 빚진 자를 지나치게 닦달해서는 안 되고 필요하다면 사면해줘야 한다는 것이다.

이는 이슬람교도들에게만 적용되는 것이 아니다. 양이나 염소를 소재로 한 옛날 이야기들을 분석해보라. 세상의 위대한 종교도 모두 유사한 경제적 신념을 가지고 있다. 7일째 되는 날은 휴식을 주고, 7년마다 한 번씩 땅을 쉬게 하고, 빚을 탕감해주는 것 등이 그것이다. 이들은 또한 한결같이 '고리대금업'을 비난하고 있다.

지난 2,000년간 고리대금업은 기독교도들의 논쟁의 중심에 놓여 있었다. 이슬람에서는 아직도 이자 수수가 잘못이라고 믿고 있다(p130 참조). 중세시대에 접어들자 기독교 신학에서는 정당한 이자를 허용하기 시작했다. 하지만 복리 이자 때문에 계속 부풀어 오르는 빚을 받아내려 여러 세대에 걸쳐 사람을 추적하는 것은 아직도 심각한 잘못으로 간주한다.

이슬람 은행들은 이자를 부과하지 않는 대신 소유권을 공유하는 방식을 도입, 현대 금융 서비스 시장에서 가장 빠르게 성장하는 분야의 하나가 됐다(p130 참조). 돈은 생산적인 것이지만 그 자체로는 아무것도 배태하지 않는다는 개념이다. 그럼에도 정의야 어떻게 내리건 간에 고리대금업은 여전히 우리 주위에 남아 있다.

소규모로는 늘 사회의 극빈층을 노리는 대부업자나 대금업자들이 있다. 신용카드 대출이나 개인대출의 일반적인 이자율은 연리로 따져 5~17% 정도지만 은행에서 돈을 빌릴 수 없을 정도로 가난한 이들에게 제시하는 고리대금업자들의 대출금 연평균 금리는 1,000%를 넘어서기도 한다. 최근의 연구 결과에는 한 고리대금업자가 1,834%의 연 이자를 물렸고 이자가 5,000%에 달했던 사례도 알려져 있다.

영국 전역의 후생복리국 앞에서는 늘 고리대금업자와 함께 줄지어 늘어서 있는 사람들을 볼 수 있다. 대부업자는 사람들의 후생수첩을 '담보물' 삼아 빼앗아 쥐고 있다가 그들이 수당을 타낼 차례가 되면 그때서야 돌려줬다. 그들은 그렇게 타낸 수당으로 대출금 이자를 갚아야 했다.

좀더 시야를 넓혀보면 가난한 사람들에게 결코 갚을 수 없는 부채를 지우는 정부나 서구 은행에 대한 추문이 떠돈다. 그러다 보니 이런 기괴한 특성들이 생겨났다.

- 제3세계의 모든 사람들이 서구에 평균 250파운드 이상씩을 빚지고 있다. 이 액수는 그들 대부분의 연봉을 상회한다.
- 아프리카는 보건에 쏟는 예산보다 4배나 많은 돈을 부채상환에 쓰고 있다.
- 2000년 550억 파운드에 달하는 '메가 스와프' 차관을 가져다 쓴 아르헨티나는—이로 인해 금융위기를 맞았고 고리대금업 수준에 달하는 금리의 차관이 포함돼 있었음에도—런던, 뉴욕, 부에노스 아이레스 은행원들에게 1억 5,000만 파운드를 수수료로 지불했다.
- 유럽은 총 수출품의 5분의 1을 제3세계, 그 가운데서도 아프리카에 팔았지만 그들이 빈국이 돼가면서 이제는 10분의 1 이상을 팔 수 없게 됐다.

사람들은 대부분 빌린 돈을 갚아야 한다는 데 동의하지만 절박한 처지에 놓인 극빈층을 상대로 잇속을 차리려는 이들은 싫어한다. 코카콜라가 기온이 높은 곳에서 돈을 더 많이 받는 자동판매기를 개발하자 도처에서 이를 비난했다. 고리대금업을 비난해온 예로부터의 전통이 아직도 도덕적 기준이 돼주고 있는 셈이다.

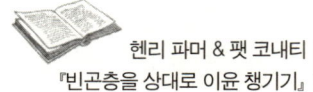
헨리 파머 & 팻 코내티
『빈곤층을 상대로 이윤 챙기기』

세계은행과 IMF

국제적 비용 계정

미래의 역사학도들은
1945년 세계를 대공황의 절망과
재앙으로 몰아넣었던,
또한 스스로 대표해야 했던
문명을 오히려 거의 파괴해버린 바로
그 통화제도가 훨씬 폭넓은 범위에
걸쳐 부활했다는 사실에 충격과
분노를 금할 수 없을 것이다.
-자크 뤼프

1944년 세계적 경제학자들이 잠수함으로 가득 찬 대서양을 가로질러 뉴햄프셔에서 열리는 브레튼 우즈 회의장으로 속속 모여들었다. 미래 세계 금융 시스템의 청사진을 제시하기 위해서였다.

희망에 찬 순간이었다. 하지만 위대한 경제학자 존 메이너드 케인스가 고안한 영국의 계획은 내동댕이쳐졌다. 그는 실물로 지지되고 뒷받침되는 국제 통화 금융시스템을 제안했다. 대신 미국의 계획이 그 자리를 차지했다. 그 무분별한 날들이 남긴 주요한 유산이 바로 국제통화기금(IMF)과 세계은행이다. IMF와 세계은행은 대출과 선진국의 새 시장 창출을 위한 빈곤 감소 기구의 역할을 각각 부여받았다.

그후 양쪽 모두 베일에 가려진 비밀기관으로 남았다. IMF의 예산조차 비밀에 부쳐졌다. 이들은 하루 24시간 지구를 흐르는 막대한 통화 흐름에 비하면 시대착오적인 기관일지도 모른다. 1998년 아시아 통화위기 당시 국제 시장에서 자국 화폐가 돌발적 공격을 받게 된 한 재무장관이 절박한 심정으로 IMF에 도움을 청했다. 하지만 워싱턴 시간으로 오후 5시가 지난 때였기에 IMF 관료들은 집에 가고 없었다. 경비원은 그에게 스스로 결단을 내려야 한다고 말해주었다.

그런가 하면 IMF와 세계은행이 가장 고마워하는 고객 명단에는 유쾌하지 못한 제3세계 독재자들의 이름이 올라 있다. 모부투, 모이, 새뮤얼 도, 아르헨티나 군사정권, 마르코스, 피노체트 등이다. 모두 냉전체제하에서 미국의 이익에 부합하는 인물로 간주돼온 이들이다. 자신이 지배하는 필리핀에서 정부로 흘러들어온 차관 260억 달러 가운데 페르디난드 마르코스는 100억 달러를 비밀외환계좌에 빼돌렸다.

더 나쁜 사례도 있다. 1998년 러시아에 지원된 긴급지원금 44억 달러가 며칠 만에 통째로 사라졌다. 국가경제에서 빠져나가 사이프러스의 비밀역외계좌로 빨려 들어간 것이다.

또 한 가지, 자금지원을 확정하기 전에 IMF가 가난한 나라에 강요하는 '구조조정안'이라는 것이 있다. 복지, 교육, 보건, 환경 프로그램 등의 삭감을 포함하는 것이다. 그밖에도 이들 기관은 가난한 나라보다 은행의 입장을 더 고려한다는 혐의를 받기도 한다. 1999년 브라질에 지원된 410억 파운드짜리 차관은 시티은행 등 미국 대부기관의 숨통을 터줄 목적과 더 관련이 있었다. 빌려준 돈의 이자를 받을 수 있었기 때문이다.

구조조정이란 또한 자급자족용 식량 재배에 치중해오던 가난한 나라들이 이를 저버리고 환금작물(현찰을 벌어다주는 농산물) 재배 쪽으로 자원을 이전할 것을 강요받는다는 의미다. 혹은 부채 이자를 지급하는 데 필요한 외화를 벌어다주는 일거리 쪽으로. 때문에 이런 일들이 벌어진다.

- 코스타리카는 유전학과 관련된 국가 유산을 통째로 미국 제약회사에 1,000만 파운드를 받고 팔아 넘겼다.
- 가이아나는 IMF로부터 광산 및 석유 채굴에 주력하라는 극심한 압력을 받아 강과 산림이 동시에 파괴됐고 1998년 무렵 전 국토의 10% 가량에 대해 허가권을 내주었다.
- 탄자니아는 IMF가 실시한 프로그램들로 1980년에서 1993년 사이 나라 산림의 40%가 파괴됐다.
- 볼리비아 노동력 가운데 40%는 생계를 위해 마약거래에 의존해야 했다.
- 브라질의 환경 예산은 IMF가 세운 회계 목표를 충족시키기 위해 3분의 2 수준으로 감축됐다. 1990년대 IMF의 조언을 들은 탓에 2002년 아르헨티나 경제는 완전히 붕괴지경에 이르렀다(1994년 이래 아르헨티나 정부 재정적자는 온전히 외채의 이자율 상승에 따른 것이었다).

한편 세계은행으로 말하자면 거대 법인, 낭비 많은 프로젝트, 대형 개발계획, 대규모 관료조직에 치명적으로 매료됐으며 그들이 도와주고 있다고 주장하는 지역민들이 낸 돈으로 이런 사업 관련 비용을 충당하고 있다. 이 기구는 심지어 미 의회에다 자랑하듯 이렇게 말하기도 했다. 미국이 세계은행에 1달러를 지출할 때마다 3달러가 미 기업들에 바로 돌아가 도로, 댐, 다른 거대한 구조물 등을 건설하도록 해준다고.

1948년 이래 세계은행은 거대한 댐 건설계획에 재정을 지원해 1,000만 명 가량을 자기 집이나 땅에서 내몰아왔다. 세계은행은 1994년 '재정착 및 개발' 검토보고서에서 일단 쫓겨난 이 대다수가 과거의 수입 수준으로 되돌아가지 못했고 댐 건설로 이득을 본 바도 전혀 없다고 시인했다.

역설적으로 IMF는 1999년 구조조정국을 빈곤감소 및 성장지원제도(PRGF)로 이름을 바꾼다고 발표했다. 실제로는 전혀 그런 기능을 하지 않는데도 말이다.

우리가 할 일

- 양대 기구를 보다 민주적이고 개방적으로 개혁한다.
- 감당할 수 없는 부채를 탕감해주도록 하는 데 새롭게 노력을 집중한다.
- 대형 인프라스트럭처 구축용 차관에서 소규모 기업체를 지원할 소액 차관들로 관심을 이동시킨다.
- 구조조정안의 폭정을 종식시킨다.
- 각 나라마다 필요한 돈을 스스로 창출하는 법, 부채를 자국 통화로 갚는 법 등을 학습하도록 해 차관을 쓰지 않도록 돕는다.

IMF에서 가진 투표율		세계인구 점유비율	
미국	18%	4.3%	
인도	1.9%	17%	

그레이엄 행콕
『가난의 주인』

거대 통화와 유로

아직도 여전한 금본위제를 향한 꿈

"그렇게 허풍을 떨다니 정말 부끄러운 줄 알아야겠다."
허수아비는 말했습니다.
- 프랭크 봄, 『오즈의 마법사』 중에서, 금본위제도와 화폐 부족에 대한 은밀한 비난

위대한 심리학자 칼 융은 대공황 당시 영란은행 총재가 제정신이 아니라고 믿었다. 그는 사실 황금의 망상에 사로잡혀 있었다.

몬태규 노먼 총재는 1929년 미 재무부 관리들과 만나기 위해 '미스터 스키너'로 위장하고 대서양을 건넜다고 한다. 방문 목적은 통화에 단기적인 충격을 주어 미국을 금본위제로 되돌리려는 것이었지만 공황만 일으키고 말았다.

이는 멋들어진 음모이론이다. 파운드가 금의 가치에 고정됐던 시대로 되돌아가려는 시도—돈이 고정된 가치를 지닌 빅토리아시대적인 것이기를 바라는 대영제국의 위대한 꿈—가 재앙을 불렀다는 것은 의심의 여지가 없다. 영국 장관들은 자기네와 자기 나라 부의 가치를 지나치게 높이 평가한 나머지 파운드 가치를 너무 절상해 고정시켰다. 때문에 아무도 영국 재화를 살 여력이 없었고 공장들은 문을 닫았다. 공장이 문을 닫을 때마다 정부는 공공

지출을 조금씩 줄여나갔다. 결과는 죽음이나 다름없었다. 시간과 기술은 있지만 돈이 없어 일자리를 원하는 이들을 찾을 수 없을 때 나타나는 그런 공황이었다.

1925년 파운드가 금본위제로 회귀했을 때 윈스턴 처칠은 국제통화에 대해 낭만적 그림을 그렸다. 그는 '현문(舷門)이 맞붙은 항구의 배들처럼 함께 변화하고 조수에 휩쓸릴 때도 함께 떠오르고 가라앉는' 국제통화를 상상했다. 이는 유로를 일컫는 것처럼 들린다. 유로는 통화가 모두 똑같아야 한다는 또 다른 꿈이다. 금본위제에 대한 대영제국의 꿈, 화폐를 표준화하고자 하는 욕망의 재현인 셈이다.

문제는 통화를 표준화하면 사람도 표준화된다는 것이다. 이는 일종의 거짓말이다. 경제학에서는 거짓말을 하면 결국 상황이 결딴나버리고 만다. 1990년대 은행가들은 거대한 글로벌 통화를 꿈꿨다. 라틴아메리카 국가들은 광적으로 자기네 통화를 미국 달러에 연동시켰다. 하지만 그 결과 아르헨티나 페소가 쇠약해지자 그들은 다시 생각해볼 수밖에 없었다.

페소를 미 달러에 연동해 통화를 안정시킬 수 있었지만 그것은 사람들을 더욱 궁핍해지게 하는 안정이었다. 달러는 전혀 다른 경제적 현실에 맞춰진 통화이기 때문이다. 그게 유로의 핵심적 문제다. 단일 통화는 부유한 국가에 유리하며 가난한 지역은 더욱 피폐하게 한다는 것이다.

뒤처진 지역에서는 화폐가치를 변화시키고 이자율을 조절하는 것이 자기네 상품을 보다 잘 팔아먹을 수 있도록 만들어주는 방법이기 때문이다. 이를 못하게 하면 도시와 지역 전체가 옴짝달싹 못하게 되는 셈이다. 이렇게 되면 더 이상 교역을 할 수 없게 된다.

영국에서조차 북부 공업지대가 런던 시티와 판이한 상황에서 단일통화는 부자를 더욱 부유하게 만들어준다. 사람들은 모두 같지 않기 때문이다. 유로 자체에 잘못이 있다는 얘기는 아니다. 단일 통화란 또 다른 금본위제에 대한 꿈이며 모두에게 잘 맞을 수 없다는 의미다.

해법은? 지역, 도시, 공동체에서 유통되는 보완 통화를 사용하면 어떨까? 파운드나 유로 '대신'이 아니라 이와 '함께' 쓰이는 통화(p248 참조). 유로는 이미 영국의 대형 소매상인들 사이에도 쓰이고 있으니 복합 통화시대는 벌써 막을 올린 셈이다.

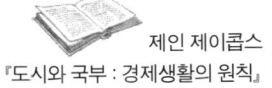

제인 제이콥스
『도시와 국부 : 경제생활의 원칙』

화폐를 혁신한 사람들 1

애덤 스미스와 자유무역

> 동업자들끼리는 왁자지껄 떠들거나 기분전환을 하기 위해서는 좀처럼 모이지 않는다. 대화는 공공을 상대로 한 음모나 가격인상을 위한 계략으로 흐르곤 한다.
> -애덤 스미스, 『국부론』

애덤 스미스는 스코틀랜드 커컬디의 세관원 아들이었다. 그는 위대한 자유주의 세대이며 데이비드 흄, 벤저민 프랭클린 등과 함께 실용주의 철학자의 일원이다. 그는 자기 책 『국부론』과 시장의 '보이지 않는 손'이란 개념—사실 그는 이 얘기를 단 한번 했을 뿐이다—으로 자유무역의 아버지로도 잘 알려져 있다.

스미스는 윤리철학자이기도 했다. 부유한 현대 기업의 변호인단이 비즈니스란 독특하게 가치중립적인 세상이며, 문제가 되는 것은 이윤과 주주배당뿐이라고 말하더라도 믿을 필요는 없다. 스미스의 철학에는 윤리성에 대한 문제 의식이 깊숙이 뿌리박혀 있으니 말이다.

또한 스미스의 사상에선 기업 인수합병(M&A)을 통한 경제력 집중에 대한 지지도 찾아볼 수 없다. 스미스에게 자유무역이란 기득권을 쥔 이들에게 제한을 가하는 것을 반대하자는 입장이 아니었다. 오히려 그 반대였다. 그는 회사 2곳이 미국 곡

물수입의 절반을 통제하는 현대판 기업들의 실상을 본다면 기절초풍할 것이다. 이는 그의 정의에 따르면 자유무역이 아니다.

이는 또한 빅토리아 시대에 자유당 내에서 자유무역을 주장하던 초기 영국 정치인들의 생각과도 달랐다. 존 브라이트와 리처드 코브던(Richard Cobden)에게 자유무역은 자연적으로 노예반대운동까지 확장되는 것이었다. 이는 교역을 위해 주정부의 간섭 없이 자유롭고 동등하게 사업에 종사할 권리를 의미했다. 부자와 권력자가 힘없는 이들을 무시하고 함부로 굴어도 된다는 의미가 절대로 아니었다.

하지만 상황은 이에 견줘 몹시 나빠져 있다. 현대 대기업 옹호자들은 소규모 독립 사업체를 비롯해 통제할 수 없는 모든 것들에 대해선 공포심을 갖고 있다. 자연 상태의 세상은 풍부하고 다양해 사람들을 자유롭게 해준다. 거대 기업은 모든 수단을 동원해 이런 자유로운 자연에 허가증을 붙이고 이를 제한하며 사람들에게 이를 사고팔도록 한다. 그렇게 할 수 없게 되면 유전자 조작 개체 등을 만들어내 이를 파괴시켜 버린다. 이는 새로운 일도 아니다. 아프리카에 파견된 제국주의 총독들은 자급자족조차 미심쩍게 여겨 주민들에게 제국 통화로 세금을 부과함으로써 환금작물을 기르도록 각 지방에 강제하기도 했다.

자유무역은 자유롭게 선택할 수 있어야 한다. 끊임없이 되살아나는 자연의 다양성을 축복해야 하는 것과 같은 맥락이다. 다음의 예에서처럼.

- 자바에서는 소규모 영농인들이 자기 집 정원에 607종의 작물을 경작하

고 있다.
- 사하라 사막 이남 지역에서 여성들은 환금작물 경작지 곁에 남겨진 공간에 120여 종의 식물을 재배하고 있다. 이것이 가계의 식품 안전성을 보장하는 가장 중요한 원천이 되고 있다.
- 태국의 한 가정집 정원엔 230여 종의 식물이, 아프리카 가정의 정원엔 60여 종의 나무가 자라고 있다.
- 콩고 농촌에 사는 가족들은 50종 이상의 나무에서 나오는 먹거리로 식탁을 차린다.
- 한 연구결과 나이지리아 동부에서는 전체 농지의 2%에 불과한 집 정원에서 농장 총 생산물의 절반이 나온다.
- 인도네시아 가정의 정원에서는 가계수입의 20% 이상, 국내에 공급되는 식량의 40% 이상이 산출된다고 추산되고 있다.

유엔의 한 조사보고서는 생물학적 다양성을 지닌 소규모 농장이 단일 작물에 특화된 거대 산업화 농장보다 식량을 수천 배나 더 생산한다는 걸 보여줬다.

생물다양성운동가인 반다나 시바는 다국적 기업은 이런 결과를 좋아하지 않고 인정하지도 않으려 든다고 말한다. "지구촌 컨설턴트들은 99%의 인도 식품가공 공정이 가정에서 여성들의 손으로, 혹은 소규모 가내 수공업 수준에서 이뤄진다는 것을 알아보지 못한다. 이런 생산과정이 다국적 농업회사의 통제 밖에 있기 때문이다. 인도 농작물 가공업의 99%가 가계에 집중돼 있었다. 지금은 세계화의 압력 때문에 상황이 바뀌고 있다. 지역사회 통제하에 소규모 지방 가공업자들이 영위해온 식료품 경제가 사이비 위생법 때문에 문을 닫고 있다. 이는 경쟁이 아니라 힘과 강압으로 시장을 독점하기 위해 다국적 농업회사가 사용하는 무기의 하나다."

이런 것은 자유무역이 아니라 강제무역이다. 애덤 스미스는 절대 이를 윤리적이라고 인식하지 않았을 것이다.

> **2003년의 '자유무역'**
> 조지 W. 부시 대통령 측은 아프리카에 250억 달러의 원조금을 약속했다. 아프리카는 이게 꼭 필요하다. 수출 농작물이 미국에서 경쟁력을 확보할 수 없기 때문이다. 왜 그럴까? 아마도 미국 정부가 자기네 농부들에게 지급하는 200억 달러의 보조금 때문이리라.

데이비드 코튼
『기업이 세계를 지배할 때』

화폐를 혁신한 사람들 2

케인스, 그리고 화폐가 기능을 잃을 때

> 전후 영국이 실업수당으로
> 지급한 돈 정도라면
> 우리는 세계 최고의 도시를 여러 개
> 세울 수 있었을 것이다.
> 애초부터 돈을 그렇게 썼다면
> 실업수당 따위는
> 필요없었을 것이다.
> -J. M. 케인스, 『국가의 자급자족』

1929년 미 증시 대폭락은 전세계적인 경제재앙의 신호탄이 됐다(p188 참조). 전세계 경제학의 두 거두 J. M. 케인스와 어빙 피셔도 막대한 돈을 잃었다. 다음으론 전세계가 긴축에 긴축을 거듭함에 따라 대공황의 재앙-경제에 대한 두려움이 가져다준 예외적 효과-으로 떨어져내렸다. 케임브리지 대학의 한 연구보고서에 갈겨써둔 케인스의 해법은 정부 예산이 불균형을 추구해야 한다는 것이었다. 정부가 돈을 빌려 이를 지출해야 한다는 것이다. 케인스는 1932년 「맨체스터 가디언」지에 쓴 편지에서 이렇게 말했다. "현자(賢者)입네 하는 이들은 번 돈 이상 쓸 수 없다고 말한다. 물론 개인의 경우 이는 진실이다. 하지만 공동체 전체에 적용될 때는 오도의 소지가 지극히 큰 말이다."

정치인이나 경제학자들은 사람들이 희생하고 긴축해야 한다고 주장했다. 하지만 케인스는 저축을 장려해봤자 아무도 부자로 만들 수 없다고 말했다. 만약 벌이를 모두 저축하고 한 푼도 소비하지 않는다면 다들 즐겁게 될 것이다. 우리는 건강한 아이들이니 소비를 해야 한다고 그는 주장했다. 돈은 생명과 관련돼 있다는 것이었다.

케인스는 "길 한가운데 서서 우리 입장에 반대하는 이들은 프록코트 단추를 끝까지 채운 몇몇 노신사들뿐이다. 우리는 그들을 친절함에 가벼운 경멸을 섞어 대하거나 볼링장의 핀들처럼 쓰러뜨려버리면 그만이다. 그들 역시 일단 충격이 가시고 나면 즐거이 우리의 주장을 따르고 싶어할 것이다"라고 말했다.

케인스 경제학의 핵심은 정부가 죽어가는 경제를 구할 수 있다는 것이었고 미국의 루스벨트 대통령은 뉴딜 정책을 통해 유사한 교훈을 얻었다. 하지만 케인스는 영국의 어마어마한 부채와 씨름하고 전후 국제 재정 시스템을 구상하느라 탈진해버렸다. 그는 62세의 이른 나이로 죽었다. 그의 구상은 수증기처럼 날아가버렸다. 그 이유는 다음과 같다.

- 통계 기하학자와 기술 관료들이 케인스 경제학을 점령해버렸다. 케인즈는 GNP(국민총생산) 개념을 고안하기도 했지만 경제학에 통계를 너무 많이 쓰는 데 대해 언제나 회의적이었다. 애덤 스미스처럼 그 역시 경제 문제를 도덕적 위기 탓으로 보았다.
- 정부가 소비를 예측할 수 있는 능력을 상실했다. 특히 저 자기기만적인 베트남 전쟁 당시에 그러했다. 그 결과 심각한 인플레이션이 발생했다.
- 케인스 자신이 '대출을 통한 소비' 문제에 대해 장기적으로는 우리 모

두 죽는다는 답변을 내놓았다. 하지만 살아 있는 우리는 더 많은 조언이 필요했다.

- 마거릿 대처 수상은 1979년 외환관리제도를 철폐했다. 전세계 정부들이 차관을 통한 소비를 줄이도록 하기 위한 방책이었다. 이젠 차관을 너무 많이 들여다 쓰면 전세계 외환딜러들의 손끝에서 자국 통화 가치가 파국적으로 바닥을 향해 곤두박질치게 된다(아직 미국엔 도입되지 않은 제도다(p140 참조).

하지만 케인스 경제학은 죽지 않았다. 그의 정신은 아직 살아 있다. 인간은 통화 시스템에 어떤 식으로건 통제력을 행사할 수 있다. 정부가 오직 인플레만을 걱정하며 디플레이션과 심리적 공황의 위험에 눈멀어 있다면 우리는 잃어버린 케인스의 기능을 회복시켜야 할 것이다. 디플레이션은 이미 일본 경제를 좀먹고 있으며 세계 경제도 위협하고 있다.

Paul Strathern
『A Brief History of Economic Genius』

2장
머니 인포메이션

화폐란 우리가 만져보고 눈으로 볼 수 있는 것들이었다. 그런데 갈수록 실체에서 분리돼 추상적이고 비현실적인 것 —부자들에겐 무한히 신축적이지만 빈곤계층에는 딱딱하게 말라붙은 것— 이 돼가고 있다. 그리하여 이 같은 화폐에 현실세계가 한꺼번에 밀려날 위기에 처해 있다.

종이호랑이

위조지폐의 성장과 은행업의 시작

통화는 잘만 관리하면 멋진 도구다.
발행만 되면 여러 가지 일을 해낸다.
군인들에게 급료와 입을 것을 주고
음식과 군수품을 제공한다.
통화를 너무 많이 찍어냈을
때도 평가절하를 통해
스스로 가치를 조절한다.
- 벤저민 프랭클린,
 스스로 많은 화폐를 찍어낸 인물임

요즘 지폐는 폴리프로필렌으로 만들어졌다가 리사이클링돼 결국 플라스틱 일륜차로 변신한다. 지금은 일상적인 얘기가 돼버렸지만 종이 화폐에 대해 세계가 경이로워했던 적이 있었다. 그 자체로는 아무 가치가 없으면서도 전세계적으로 실물을 표상하는 화폐는 한편으론 편리함(중국)이고, 한편으론 전세계의 부를 늘리려는 영리한 음모(프랑스)이고, 한편으론 혁명적인 행위(미국)이다. 현대의 화폐는 또한 판도라 상자 같아서 결코 닫히지 않으며, 실상 닫고 싶은 마음도 없지만, 인플레이션과 휘청거리는 부(富)와 그밖에 숱한 다른 악몽과 비극을 가져오는 존재이기도 하다.

1270년대 마르코 폴로가 발견해냈을 당시 쿠빌라이 칸*의 통치 아래선 모든 게 간단했다. 그는 그저 종이에 어떤 가치가 있는지 선포하고 그 칙령에 반하는 이들을

*몽골의 5대 칸, 칭기즈 칸의 손자

처형하면 그만이었다. 하지만 17세기 스톡홀름의 개척자 요한 팔름스트럭은 화폐를 찍어냈다가 인플레이션을 유발했다는 죄목으로 사형선고를 받았다.

1716년 스코틀랜드의 탐험가 존 로는 런던에서 결투 도중 사람을 죽이고 황급히 파리로 도망쳤다. 그때 그는 미시시피 토지를 담보로 발행한 종이 화폐로 단박에 세계적인 갑부가 됐다(p184 참조). 그는 프랑스 국가 부채 전액을 지폐로 바꿨지만 체제가 붕괴되면서 버블 때문에 엄청나게 가치가 폭락했다. 그는 목숨을 건지기 위해 파리에서 도망쳐야 했다. 이 사건은 3세대 뒤에 일어날 프랑스 혁명으로 가는 길을 닦았다.

레닌은 자본주의 체제를 붕괴시킬 가장 좋은 방법으로 해당 국가의 통화를 타락시키는 것을 꼽았다. 몇십 년 뒤 케인스는 "러닌이 옳았다"고 썼다. "현존하는 사회 기반을 전복시키는 길로 그보다 더 민감도가 높고 확실한 방법은 없다."

진실을 말하자면, 판도라 상자는 첫 번째 은행원 노릇을 했던 금 세공인들이 과거에 이미 열어놓았다. 그들은 약속어음 등의 형태로 빚을 내거나 선불을 받았다. 빚을 상쇄할 정도로 충분한 금을 보유했다는 걸 알고 있었기 때문이다. 그런데 그들은 곧 예금으로 받아둔 금의 양보다 더욱 많은 금액을 대출할 수 있다는 것을 깨달았다. 사람들이 예치해둔 것을 찾아가는 일이 드물었기 때문이다. 사실 조금만 눈치 빠른 사람이라면 예치된 금액의 10배까지는 대출해서 화폐로 유통시킬 수 있었다.

이런 교활한 꾀가 항상 먹혀든 것은 아니었다. 영국왕 에드워드 3세는 백년전쟁의 재원을 마련하기 위해 엄청난 금액을 대출받은 뒤 간단히 파산선언을 해버렸다. 그에게 돈을 빌려준 이탈리아 은행들은 파산했다. 하지만 보통 은행들은 정보의 불균형 속에서 예치금의 몇 배나 되는 돈을 대출할 수 있었다. 말하자면 대출을 통해 통화를 창조한 것이다. 결국 그 통화는 실제로 존재하게 돼버리고 은행들은 이에 대해 이자를 받는 것이다.

이게 소위 '부분 지급준비금 보유 은행제도(Fractional Reserve Banking)'가 생겨난 과정이다. 오늘날 유통되는 화폐의 97%가 이렇게 창조됐다(p19 참조). 하지만 사람들이 모두 패닉에 빠져 돈을 찾으러 몰려드는 영화 「멋진 인생(It's a Wonderful Life)」에서처럼 예금인출이 쇄도하는 것을 목격한 사람이라면 통화의 대부분이 이런 식으로 창조되는 게 위험하다는 것을 알 수 있다. 과잉부채에 시달리는 일본 은행들이 대출금을 모두 회수하면 세계는 반세기만에 최악의 경제위기로 빠져들지 모른다. 일본 은행제도는 지금 경계선상에서 흔들리고 있다. 자신을 믿으라는 은행원들의 말을 곧이곧대로 들을 수 없을 만큼 위험한 시기인 것이다.

제임스 부캔
『얼어붙은 욕망』

중앙은행
영란은행*

나는 은행이 상비군보다 우리의 자유에 더욱 위험하다고 생각한다. 은행에서 발권력을 빼앗아 이를 가지기에 적합한 이에게 되돌려줘야 한다.
-토머스 제퍼슨

중앙은행(본질적으로 중앙집권적이고, 비밀스럽고 불가해한)에는 항상 음모이론을 떠올리게 하는 뭔가가 있다. 특히 미국의 경우 자기들이 세계 통화를 주무르는 것은 물론 화폐를 직접 제조해 쓰도록 돼 있다고 말하는 근본주의자와 기묘한 우익 분파들도 있었다. 그런 적이 있었을지는 몰라도 지금은 진실이 아니다. 진실은 더욱 우려스럽다.

미국 연방준비제도이사회가 1913년 출발 당시 개인회사였다는 것은 사실이다. 지금도 그렇다. 비록 정부가 총재를 임명하고 그의 프로필을 보고받는다 해도. 금융 투기꾼 윌리엄 패터슨이 1694년 3번의 시도 만에 세운 영란은행도 역시 개인회사였다. 하지만 이곳은 1946년 국유화됐다. 전세계 중앙은행들의 거들먹거리는 태도와 오만과 크나큰 실책으로 대공황이 더욱 극심해졌으리라는 것도 사실이다.

＊속칭 스레드니들가(영국의 은행거리)의 노부인

하지만 이는 음모라기보다 무능이다. 중앙은행들은 눈을 크게 뜨고 세계 금융시스템을 주시하고 있지만 뭔가 잘못됐을 때 그들의 손을 쓸 수 있는 일이 있을까?

자유주의 시장론의 싱크 탱크인 케이토 연구소 같은 곳에서는 지금도 중앙은행 없는 삶을 꿈꾼다. 시장주체들이 쉽게 화폐를 옮겨놓을 수 있는 그런 삶이다. 하지만 그렇게 되면 롤러코스터를 타는 듯한 우리의 일상 금융을 안정시킬 기관이 남아 있지 않게 된다. 요즘처럼 런던, 도쿄, 뉴욕 할 것 없이 젊은 트레이더들의 컴퓨터 모니터 위로 온통 전자화폐가 쏟아지는 때는 더욱 그렇다.

원래 제1차 세계대전이 임박했을 무렵 중앙은행들은 금을 매입해 금융안정을 이루려고 했다. 1990년대 중반 미국은 지금까지 채굴된 금의 절반가량을 빌리거나 사들여 포트 낙스와 연방준비은행의 지하보관소에 넣어두고 있었다. 창문은 200톤의 정교한 철골 구조물로 둘러싸 보호하고 지하실은 사병들이 지키는 가운데 많은 금괴가 뉴욕시의 길거리 아래 묻혀 있는 것이다.

문제는 금이 이제 더 이상 그런 기능을 하지 않는다는 점이다. 금융위기 바람이 한번 불어닥치면 어느 중앙은행은 비틀거릴 수도 있다. 일본은행들은 1980년대 이래 세 번씩이나 긴급융자를 받았다. 미국 은행도 1980년대 주택조합인 '세이빙스 앤 론'이 일제히 파산하자 역사상 최대의 긴급융자가 필요했다. 세계은행은 1970년대 말 이후 69개 국가가 은행으로 인해 위기에 처했다고 언급했다. 그리고 87개국의 경우 화폐가 은행에서 이탈하는 국면에 직면했다고 말했다. 때로는 시장이 옳다. 하지만 시장은 과잉 정확성으로 파국을 초래하는 결과를 빚기도 한다.

전직 은행가인 베르나르 리에테르는 다음과 같은 계산 결과를 도출해냈다. 1980년대 중반 대형 외환 딜러 가운데 5% 정도가 특정 통화를 팔아치운다면 30억 달러가량의 압박이 가해지는 셈이었다. 대부분의 중앙은행이 이 정도는 견뎌낼 수 있었다. 날마다 2조 달러 정도의 손바꿈이 일어나는 지금은 5%라면 1,000억 달러 정도다. 이 정도의 매도주문을 막아낼 수 있는 중앙은행은 없다. 그는 "오늘날 전세계 중앙은행의 외환보유고 총액(대략 1조 3,000억 달러)이 하루 동안의 정상 거래만으로도 집어삼켜질 수 있다"고 말했다. 무시무시한 전망이다.

우리가 할 수 있는 일
- 외환보유고를 늘리는 일
- 토빈 레비의 조세 통화 투기(p200 참조)
- 지구안정화 통화 창설(p216 참조)

일일 외환거래량	
1975	150억 달러
1983	600억 달러
1998	1조 5,000억 달러
2000	2조 달러

베르나르 리에테르
『돈의 미래』

실체가 없는 돈

에테르 거래

'에테르를 거래하는 것처럼'
- 뉴욕상품거래소에서 실제 부존량보다 4배나 많은 200만 배럴의 석유가 거래되는 요즘 세상에 대한 사기꾼 상인 닉 레슨의 정의

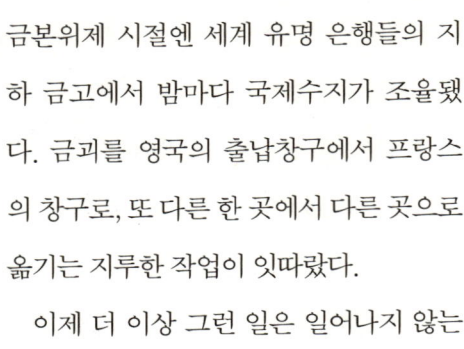

드레드노트 전함과 셜록 홈즈가 있던 금본위제 시절엔 세계 유명 은행들의 지하 금고에서 밤마다 국제수지가 조율됐다. 금괴를 영국의 출납창구에서 프랑스의 창구로, 또 다른 한 곳에서 다른 곳으로 옮기는 지루한 작업이 잇따랐다.

이제 더 이상 그런 일은 일어나지 않는다. 마거릿 대처가 1979년 외환관리를 철폐한 이래, 또한 런던 시티에서의 '빅뱅'* 이래 금융 시스템은 글로벌 컴퓨터의 어마어마한 네트워크로 관리되는 광포한 전자적 현상이 되고 말았다. 통화는 더 이상 금속성의 어떤 것이 아니게 됐다. 하루 2조 달러의 비율로 쏜살같이 전세계를 돌아다니는 부채에 관한 정보의 바이트가 됐다.

영국 재무장관 노먼 레이먼트가 1992년의 '검은 수요일'—영국 파운드가 유럽통화제도에서 축출된 날—를 "회오리바람에

*1986년의 런던 주식시장 제도개혁

휘말려버린 듯하다"고 묘사한 것도 그 때문이다.

이는 열쇠나 경비원이 아니라 컴퓨터 코드가 방어하는 시스템이다. 때론 몇 초 만에 금융과 관련된 의사결정을 내려야 한다. 컴퓨터는 심지어 다양한 시장수준에서 한꺼번에 자동적으로 매매를 성사시키기도 한다. 실질 재화와 실제 서비스의 세계는 이제 과거보다 20배는 커져버린 투기적인 세상에 위축돼버렸다.

이제 돈의 목적은 상거래가 아니다. 한 세대 전만 해도 투기는 재화와 용역에 대한 소비량의 3분의 1 정도만을 차지했다. 이제는 주식, 채권, 선물, 무엇보다 외환―해마다 거의 25%씩 성장하는―등 쏟아지는 투기적 거래에 상거래는 위축될 대로 위축됐다. 국제 금융 시스템이 시장 불안정성을 이용해 엄청난 이득을 챙기는 월스트리트와 런던 시티의 탐욕스런 스물네 살짜리들의 손아귀에 들어가 있다.

더 나쁜 것은 소위 성공했다는 마이클 밀켄(p191 참조) 같은 수치스런 딜러가 1980년대 후반 정크본드 거래로 하루에 150만 달러씩을 벌어들였다 해서 유명해진 데 반해 실물 재화와 용역을 다루는 이들이나 교사, 간호사 등의 인센티브는 갈수록 줄어들고 있다는 것이다. 다른 말로 하자면 비현실적인 급여다.

이는 때론 실물 세상에 끔찍한 결과를 초래한다. 검은 수요일은 영국 비즈니스 가치의 25%를 하루아침에 앗아갔지만 그 다음날 아침 모든 것은 그대로였다―빌딩, 생산품, 책상에 앉아 일하는 직원도 똑같았다. 하지만 신뢰의 상실이란 파국적인 현상이 그 모든 가치를 하락시켜버린 것이다.

1998년 아시아 통화위기가 인도네시아를 강타했을 때 실물 세상에서 변한 것은 없었지만 군인들은 총검을 들이대며 환자들을 병원 밖으로 내몰아야 했다. 병원이 더 이상 달러 부채를 감당할 수 없었기 때문이다.

전자화폐가 난무하는 포스트모던한 세상에서 이미지가 중심적인 가치로 자리 잡았듯이 신뢰도 그렇다. 세상이 뭔가를 가치 있는 것이라고 신뢰한다면 그렇게 돼버린다. 피터 팬의 청중들이 신뢰 하나로 팅커벨을 살려내듯이.

그게 현대 금융 시스템이며 우리는 그 속에서 살아야 한다. 하지만 가상 화폐 세상이 우리에게 휘두르는 권력을 우리가 쥐어줬다는 점을 기억해야 한다. 그건 우리의 선택이었으며 우리는 다른 것을 선택할 수도 있다.

존 커츠만
『돈의 죽음』

주식시장
세계의 빅뱅

기업이 건조한 기조를 유지하고 있을 때는 투기꾼들 때문에 버블이 생겨도 위험하지 않다. 하지만 투기의 소용돌이 속에서 기업이 버블이 된다면 상황은 심각해진다. 한 나라의 자본발달이 카지노의 부산물이라면 그릇되기 쉽다.
-J. M. 케인스

런던, 뉴욕, 도쿄 등의 주식시장-또한 그의 사촌동생과도 같은 닥스나 나스닥-이 급격히 세계의 주요한 초점이 되고 있다. 정책 결정자들, 은행가들, 상인들은 증시의 부침에 따라 몇 분 만에 이익을 내도록 기회를 주는 흐름을 놓치지 않기 위해 증권시세가 인쇄돼 나오는 티커 테이프에, 또는 블룸버그 같은 새로운 금융TV 채널에 찰싹 달라붙어 있다.

갈수록 세상이 이 거대한 내깃돈 시장에 의존해간다는 것은 혼란스러운 현상이다. 연금이나 보험 등을 통해 우리 모두는 이 증시에 일정한 푼돈을 넣고 있다.

1929년의 시장붕괴는 제2차 세계대전의 간접 원인이 됐다. 그런데 오늘날의 우리는 시장의 그와 같은 경련에-또한 저스트 인 타임(실시간) 음식배달 시스템 등에-훨씬 더 의존하고 있어 그와 비견할 만한 붕괴가 다시 일어난다면 그야말로 파괴적이고 예상치 못했던 결과를 겪을 수 있는 것이다.

1840년대 아일랜드 감자 기근 당시 많은 이들이 굶주린 것은 그들에겐 오로지 감자밖에 없었고 그나마 병충해가 갉아 먹어버린 그 한 종류뿐이었기 때문이다. 21세기 돈에 대한 우리의 의존도 마찬가지다. 만약 돈이 잘못될 경우 우리 역시 후퇴해 기댈 수 있는 다른 값진 제도 등을 갖지 못하게 된다.

주식시장에 대한 깜짝 놀랄 만한 주목에도 불구하고 그들의 역할과 방법론에는 아직 신화인 부분이 많이 남아 있다.

꼭 투자와 관련된 것은 아니다.

주식시장은 더 이상 기업에 투자자본을 대는 게 중요한 역할이 아니다. 처음 지분을 공모할 때는 물론 그런 목적과 역할이 있긴 하다. 하지만 그러고 나면 주가 등락은 그저 등락일 뿐이다. 주식은 거래되는 기업에 추가 자금을 마련해주는 것이 아니라 연금펀드나 투기꾼들에게 돈을 벌어준다.

아주 현명한 것만은 아니다.

겉으론 그렇게 보일지라도 항상 현명한 전문가가 투자결정을 내리는 게 아니다. 시장이 일정 수준에 이르면 컴퓨터가 자동으로 사고파는 부분이 많다. 또한 닷컴기업의 실패(p194 참조)에서도 확인했듯 대형 투자금융회사* 투자 자문역들의 매수추천은 그 은행이 해당 주식의 이슈와 어떤 이해관계에 있느냐에 영향을 받는다.

---

*환어음 인수와 증권발행 업무 등을 하는 금융회사

객관적이지 않다.

증시는 자기들의 주장과 달리 기업가치에 대한 객관적인 길잡이가 아니다. 닷컴기업들이 폭발하던 때 월스트리트의 다우존스주가지수는 1만 1,000포인트로 정점에 올랐다. 1972년 고작 1,000포인트이던 지수가 1년에 1,000포인트씩 부풀어오른 셈이다. 1997년에만 전체 지수의 3분의 1가량이 올랐다. 이게 미국 기업가치의 객관적인 척도가 될 수 있을까? 나는 아니라고 생각한다.

주식시장에서 좋은 평가를 받는다고 해서 해당 기업이 정말로 가치 있다고 볼 수는 없다. 닷컴기업들처럼 트렌드를 타고 있는 것뿐일지도 모른다. 어쩌면 기업의 나머지 대출한도를 이용해 회사를 사들이려는(이를 일컬어 LBO식 기업매수*라 함) 기업매수인을 쫓아보내기 위해 빚더미에서 눈을 부릅뜨고 있는 것인지도 모른다. 어쩌면 그 기업은 더 많은 돈을 빌려 더 많은 주식을 사들이기 위한 담보로 이용되고 있는지도 모른다. 주식시장이 추가 상승할 것이란 전망 속에서.

아무 의미도 없다.

주가 등락은 건강한 세계 경제를 추구하는 이들에겐 이성적인 기반이 아니다. 오늘날의 노벨 경제학상은 주식시장에서 정기적이고 예측 가능한 규칙을 찾아내려는 이론가들에게 돌아간다. 천체의 움직임에서부터 합성세제

---

*매수 예정 회사의 자본을 담보로 한 차입금에 의한 기업매수, P191 참조

분자의 행태까지 모든 것이 주식시장의 움직임을 규명하기 위해 이용됐다. 무수한 증권회사와 미국 은행들이 예언가나 점성술사를 고용하고 있다.

공익사업이 아니다.

주식 중개인과 고객이 어떤 면에선 같은 편이라고 생각하지 말라. "고객이 인사차 전화했을 때 나는 그의 두뇌를 온통 흩뜨려놓아 팔아야 했다." 모건 스탠리의 중개인 프랭크 파트노이가 자신의 책 『F.I.A.S.C.O』에서 1994년에 붕괴된 한 역외펀드가 발행한, 아무짝에도 쓸모없는 멕시코 페소화 연계 채권을 판매한 것을 묘사한 내용이다.

사람들은 시장의 신화를 너무 진지하게 받아들인다. 1980년대 도쿄의 땅값이 10배 이상 뛰자 땅주인들은 세계적 규모의 은행을 갖게 됐다. 일본 회사들 역시 이를 담보로 전세계 기업 사냥에 나설 수 있었다. 결과적으로 압도적이고 감당불가능한 부채로 일본 굴지의 은행들이 쇠약해졌고 세계경제 전체가 위협에 처했다.

회사란 겉에서 보는 것처럼 그렇게 안정적이지 않다. 세계 100대 기업이 3조 5,000억 달러의 자산을 통제하고 있지만 찰스 다우와 에드워드 존스가 다우존스지수를 만든 1896년 이래 당시 기업 가운데 단 한 기업(제너럴 일렉트릭)만이 살아남았다. 다른 기업들은 해체되거나 기업매수자의 손에서 쪼개져 한때 막강하던 이름이 잊혀져갔다.

기업이 어마어마한 권력을 남용하고 있다는 우리의 고발이 '지당하신 말

쑴'이 돼버린 이 시대에 기업보다 더 막강한 것이 무엇인지 기억해볼 필요가 있다. 바로 돈, 은행업, 금융 서비스이다.

> 결론 : 결국 금융시장은 그렇게 현명하지 못하다.

존 그레이
『거짓 새벽 : 전세계 자본주의의 미망』

보험
우리의 안전을
지키는 데 따르는 위험

인간이 동물보다 우월한 것은
생명을 불어넣어 주기 때문이 아니라
생명의 위험을 무릅쓰기 때문이다.
-시몬 보바르, 『제2의 성』

집이 불타거나 누군가 자동차를 훔쳐가 버리는 건 썩 유쾌한 경험이 아닐 것이다. 하지만 그래도 금전적으론 잃을 게 없다는 생각-보험회사와 몇 달 간 사투를 벌인 끝에 갖게 된-은 적어도 약간 위안이 된다.

보험은 고대 바빌론에도 있었지만 인기를 얻진 못했다. 17세기 런던에서 비로소 도약하기 시작했다. 아이디어는 선주(船主)의 손실을 보상해준다는 것이었다. 1688년 무렵 에드워드 로이드는 커피점을 운영하고 있었는데 런던 상인들과 은행원들은 여기서 비공식적으로 만나 사업에 대해 논의하곤 했다. 결국 거기서 런던 '로이드' 사가 창설됐다. 현대 보험도 그와 함께 시작됐다.

20세기엔 보험은 필수품이 됐다. 자동차보험 가입은 강제사항이다. 집을 살 때는 건물보험에 들어야 했고 몇몇 나라에선 건강보험 없인 아플 때도 길거리에 나앉아야 했다. 보험회사가 사람들을 서로

다른 몇몇 카테고리로 분류할 생각을 하면서 문제는 시작됐다.

미국에서 소수인종은 보다 고(高) 위험 집단으로 간주됐다. 외국인 같은 이름을 가진 이들은 보험가입이 거부됐다. 1933년의 한 보고서에선 '엘리스' 같은 이름을 가진 이를 가입시키는 것도 위험하다고 경고하고 있다. 그 이름을 가진 사람 가운데 몇 명이 중동에서 왔다는 게 판명됐기 때문이다.

보험증권에는 붉은 선으로 줄을 그은 지도가 포함되곤 했다. 보험을 팔아선 안 될 아프리카계 미국인들의 거주 지역을 표시한 것이었다. 보다 가깝게는 1962년 한 맨해튼 보험회사가 붉은색으로 뉴욕 자치주의 이곳저곳을 칠한 지도를 사용했다는 의혹을 받았다.

붉은 줄 긋기는 미국에서 불법이 됐고 대서양 양쪽*의 은행, 보험회사들은 그런 행위가 계속되고 있다는 것을 강력히 부인했다. 하지만 영국 사람 가운데 자산이 있는 사람들의 10%가 보험은 말할 것도 없고 은행 계좌조차 가지지 못했다. 1977년 카터 대통령은 '지역재투자법(community reinvestment act)'을 만들어 은행들이 어떤 지역에 대출하는지를 밝히그 만약 예금은 받으면서 대출해주지 않는 지역이 있다면 거액을 배상하도록 했다. 영국 정부 역시 그런 일은 허용하지 않았다.

하지만 아직도 보험업자는 최전방에 서 있다.

- 승소하지 못하면 수수료를 받지 않는 조건으로 영업하는 변호사들이 청

---

*미국과 유럽을 지칭

구를 해오는 횟수가 급증하고 있다. 마을과 소규모 기업들이 이벤트를 취소하고 있다는 의미다. 사무실 크리스마스 파티건 불꽃놀이건 간에, 보험료를 감당할 수 없어서다.

- 심장병, 암, 만성질환을 일으키는 유전자를 식별할 수 있게 되면서 보험회사 측은 유전자 검사를 하라는 압력을 가하고 있다. 이로 인해 보험 보장이 불가능해지는 새로운 하층계급이 나올 수 있다는 위협, 새로운 붉은 줄긋기의 위협이 가시화되고 있다.
- 지구온난화와 자연재해로 인한 보험회사의 손실은 1960년대에 오늘날의 금액으로 환산하여 300억 달러에 달했다. 2050년 무렵에는 2,000억 달러에 이를 것이다. 이렇게 되면 보험보장이 완전히 불가능해지게 된다.

우리가 할 수 있는 일

우리가 필요로 하는 몇몇 분야에 (친밀했던 초기 사회에서처럼) 풀뿌리 보험을 부활시키면 거대 보험회사들이 긴장할 것이다.

시대의 신호
2002년 전통에 따라 모닥불놀이를 하려던 위셔 셜스톤 사람들은 2,500파운드짜리 보험에 가입해야 한다는 사실을 알고는 모닥불 대신 오렌지 페이퍼와 연기 내는 기계를 사용했다.

피터 번스타인
『신에 맞서기 : 위험에 대한 놀랄 만한 이야기』

화폐의 흐름

흘러나간 돈이 되돌아 들어오는 과정

| 돈은 둥글고 계속 굴러다닌다.
- 공자

문제는 우리 지역이나 이웃이 얼마나 많은 돈을 가지고 있느냐가 아니다. 어디로 흘러가는지, 누가 가졌는지, 계속 머물러 있는지가 문제이다. 잠깐 들어왔다가 다시 새어나가 역외펀드나 군수산업 등에 투자된다면 어떻게 될까.

돈이 귀금속과 같다는 생각을 잠시 밀어놓는다면 우리는 다음과 같은 통찰을 갖게 된다. 옆집 사람의 계좌 전체에 들어 있는 돈을 세어보는 것만으로는 누가 부자며 누가 가난한지에 대해 상당히 왜곡된 생각을 가질 수 있다. 하지만 들어온 돈이 지역사회에 잠시 머물러 돌고 돌며 사회에 활기를 불어넣는다는 관점에서 바라보면 그림이 한결 분명해질 것이다.

지역에서 순환하는 돈은 생혈(生血)과도 같다. 지역사회에 생기를 불어넣는다. 돈이 있어야 어떤 물건을 필요로 하는 사람이 만드는 데 필요한 시간과 원재료를 가진 사람 등을 고용해 물건을 만들게 할 수 있다.

이를 '승수효과'*라 한다. 케인스 경제학파 가운데 한 사람이 처음 언급해 모든 나라에 적용했다. 하지만 전통 경제학자나 정부는 이런 승수효과가 도시와 지역사회에도 적용된다는 사실을 아직 받아들이지 않고 있다.

지역사회 두 곳을 예로 들어보자.
- 한 곳에는 슈퍼마켓이 한 군데 있다. 수입의 일부는 그 지역 종업원들에게 지급되고 나머지는 모두 저금통장으로 들어가 금융시장에 투자된다. 미 인디언 보호 거주지처럼 의존적인 사회를 연구한 결과에 따르면 그 돈의 75%는 48시간 안에 다시 지역을 떠난다. 각종 공익 설비대금을 치르거나 월마트에서 쇼핑해 밤마다 아칸소 주**로 수입의 대부분을 보내버리는 식으로.
- 다른 사회에는 다양한 작은 상점들이 여러 개 있어서 가게 주인들이 뭔가를 필요로 할 땐 지역사회 안에서 다 구매할 수 있다. 한 상점에서 벌어들인 돈이 다른 가게에서 소비되고 그 돈이 또 다른 가게로 흘러들어 간다. 중심상가만 활기 차고 번화한 것이 아니라 작은 가게 하나하나가 모두 자신의 운명을 책임지고 있다. 상점 주인들이 내키지 않아하며 거대한 슈퍼마켓의 점원이 되는 일은 일어나지 않는다.

두 지역에 동일한 액수의 돈이 흘러들어왔지만 한 곳은 경제적으로 사막

---
* 경제변수 하나가 변화할 때 그 파급효과로 인해 다른 변수가 그와 배수 관계로 변화하는 효과
** 월마트 본사가 있는 곳

이 됐고, 다른 곳은 번영해 자족적이며 생생하게 살아 있다. '슈퍼마켓' 사회가 번창한다면 이는 오직 상권이 죽어버린 주변 지역사회에서 생기를 빨아들이기 때문이다.

콘월 주* 신경제학파재단의 연구에 따르면 지방에서 재배된 채소 한 박스를 사는 데 쓰인 1파운드는 오로지 그 지방 슈퍼마켓에서 지출됐을 때만 지역사회에 2배의 승수효과를 가져다줬다. 머지사이드 주** 널시 협의회가 자기 지역의 승수효과를 측정해본 결과 지역 경제의 유출이 심각한 것으로 판명됐다. 지역 지출의 8%만이 지역민들에게 돌아가고 있었다. 나머지는 모두 컨설턴트, 대기업, 외지의 계약 당사자들이 빨아들이고 있었다.

새는 틈을 어떻게 막을까. 지역 사회에 대한 투자가 지방 기업들의 '깔때기'로 작용하도록 해야 한다. 반면 가치는 훨씬 높더라도 '우산'처럼 작용하는 투자는 경계해야 한다. 우산이란 돈이 외부로 분산돼 지방민들에겐 거의 가 닿지 않는 것을 일컫는다.

요즘 투자는 갈수록 깔때기보다 우산이 돼가고 있다는 게 슬픈 현실이다. 부자에게 투자하면 그 혜택이 가난한 이들에게까지 흘러간다는 '트리클 다운 이펙트'는 작동하지 않는다. 기껏해야 가난한 이들은 그 '트리클(똑똑 떨어진 한 방울)'이나 차지하게 된다.

우리는 재생계획이나 외국 공장 유치를 위해 막대한 금액을 투자하지만 너무나 자주 그 중간단계에 개입된 사람들만 이롭게 한다. 경제가 쇠퇴기로

* 영국 잉글랜드 남서부에 있는 주
** 영국 잉글랜드 중서부의 대도시주

접어들었다는 신호가 나오기 무섭게 투자는 위축되고 공장 소유주는 더 나은 지역을 찾아 내빼고 만다. 다양하고 많은 지역 상점들이 갖춰져 있는 편인 런던이나 뉴욕의 '팻캣'*들로 이뤄진 관리위원회가 운영하는 몇몇 대형 소매상이 독식하는 쪽보다 한결 안정적이고 부의 분배도 잘 이루어지게 해 지역민들에게 더 큰 '복지'의 감정을 안겨준다.

상거래를 반대한다는 주장을 하는 것이 아니다. 다만 극빈 지역이 거대기업이 무시해온 영역에서 그들만의 구매력과 자산을 획득하면 자생력을 키울 수도 있다는 점을 상기시키려는 것이다.

- 지방의 일자리 하나를 창출하는 데 필요한 슈퍼마켓에서의 소비 : 25만 파운드
- 지방의 일자리 하나를 창출하는 데 필요한 구멍가게에서의 소비 : 5만 파운드
- 드로리안 자동차 500대를 생산하는 데 영국 납세자들이 지불해야 할 보조금 : 7,700만 파운드
- 자동차 회사 브리티시 레일랜드에 지급해야 하는 영국 납세자 보조금 : 25억 파운드
- 주식시장이 하락하기 시작한 2000년 이래 FTSE 100** 회사들의 실패한 경영자에게 지급된 급료 : 1억 7,000만 파운드

*fat-cat ; 특권적 부자
**영국 주가지수

버미 워드 & 줄리 루이스
『새는 구멍 틀어막기 : 지방 경제에 유입되는 파운드 한장 한장에서 최대의 것 끌어내기』

전자화폐의 성장

전자 기록의 발생

돈을 정확히 정의하는 데는 어려움이 있다. 돈에 대한 현대적 정의는 우리에게 통화공급을 통제하는 수단을 주기에 불충분한 면이 있다.
-앨런 그린스펀,
 미 연방준비제도이사회 의장
 2000년 2월17일 미 의회에서의 진술.

돈이 지금보다 더 실체 없는 것이 될 수 있을까? 그럴 수 있다. 돈의 세계가 지구상에서 로켓이 이륙하듯 완전히 떨어져 나가려 하고 있기에 좌석을 꼭 붙들어야 한다.

투자가 요구하는 이자는 이미 자연 상태에서 세계가 생산할 수 있는 수준과 동떨어져 있으며 감당할 수 없다. 월스트리트나 런던 시티에서 거래되는 상품은 실제 세상에 존재하지 않는다. 트레이더들이 구리 선물(미러의 일정 시점에서 정해진 가격에 구리를 사고 팔 권리)을 거래할 때도 이는 지구상에 묻혀 있는 구리의 실제 양과는 아무 관계가 없다. 파생상품은 한층 더 초현실적이다(p197 참조).

유통되는 통화의 3%만이 지폐나 동전 등 현찰이다. 나머지는 그저 컴퓨터상의 차변(借邊) 기록일 뿐이다. 심지어 현찰조차 컴퓨터 바이트나 스마트카드로 대체되고 있다. 핀란드에서는 자판기나 주유소에서 코카콜라를 살 때 전화로 결제할 수도 있다. 나중에 핸드폰 요금에 가격이 합산돼 청구된다.

맥도날드나 마이크로소프트 등 많은 기업들이 자사만의 전자화폐를 이미 실험중이다. 빈즈닷컴(beenz.com)이나 아이포인트(i-points) 등 인터넷 통화가 순식간에 온라인에서 번성했다. 현재 지구상에는 사용하지 않은 단골고객 점수나 항공 마일리지가 7경(京)점이나 쌓여 있다.

전자화폐가 꼭 나쁜 것만은 아니다. 이는 무겁고 비싼 동전 때문에 시간낭비하지 않아도 된다는 의미기도 하다. 자잘한 물건들은 전자화폐로 결제하는 게 보다 편하고 싸다. 영국에서만 화폐를 찍어내고 운송하고 경비하는 데 2조 5,000억 파운드 이상이 든다.

유럽이 화폐 단위를 유로로 바꿨을 때 옛날 동전을 실어나르는 데 벨기에에서만 3개월 동안 하루 80대씩 화물차가 동원됐다.

하지만 우리는 전자화폐를 조심해야 한다. 유통되는 현찰이 줄어든다면 생계의 대부분을 여기에 의존하는 극빈자들에게 돌아갈 몫도 그만큼 줄어든다. 거지가 전자거래에 필요한 신용카드 판독기를 가지지 못하면 한 푼도 적선할 수 없게 된다. 기업이 고객 정보를 속속들이 알고 있는 세상에서 우리는 브랜드가 붙은 돈을 가진 셈이다. 이 돈은 부속 규정에 따라 핸드폰, 인터넷, 스마트카드로 쉽사리 옮겨다닐 수 있지만 이런 거래에서 가난한 이들을 간단히 배제시킬 수도 있다.

미래의 전자화폐는 운송회사, 소매상인, 전화 및 공공 서비스 회사에서도 쉽게 발행할 수 있을 것이다. 그들은 어마어마한 거래량을 처리할 인프라스트럭처를 갖추고 있기 때문이다. 그들은 힘을 합쳐 서로 다른 상표의 화폐를 발행할지도 모른다. 최근 런던 지하철 승객을 위해 새로 발행된 것과 유사한 지방 정부 스마트카드 사업을 따내려 경쟁할 수도 있다. 전자화폐를 사용한다는 것은 암호와 열쇠와 인가권을 잘 관리해야 하는 아주 복잡한 일이다. 어찌 보면 투표와도 비슷하다. 실제로 선거 시스템을 운영해본 이 회사의 경험 때문에 첫 번째 디지털통화업체 하나인 디지캐시의 특허권이 채택됐다.

중요한 점은 모든 돈이 전자화폐가 돼서도, 또는 상표가 붙어서도 안 된다는 것이다. 공정한 화폐 시스템의 핵심은 다양한 종류의 통화가 공존하는 것이다(p248 참조). 돈의 종류가 줄어들수록 부자들이 이를 완전히 강탈해갈 가능성이 높아지기 때문이다.

폴 고슬링
『돈의 변화 : 디지털 시대가 금융 시스템에 가져온 변화』

역외은행

돈은 모두 어디로 갔을까?

"이용할 수 있는 숙련 노동력은 없으며 비용 구조도 대부분의 산업이 진입하지 못할 만큼 비싸져버렸다. 은행업이라는 침입자가 상황을 온통 교란시켜버렸다."

-존 크리스텐슨,
저지섬*의 전 경제자문관

그것은 아가사 크리스티 소설만큼이나 미스터리하다. 돈이 스스로를 정보로 변화시키게 되면서 가능해진 것이다. 1998년 IMF가 러시아에 지원해준 48억 달러의 거금 중 대부분이 러시아에 도착하자마자 사라져버렸다. 그 돈은 대체 어디로 갔을까?

정답을 말하자면, 그 돈은 역외 금융기관들의 은밀하고 알려지지 않은 통로를 통해 러시아를 떠나 민간의 손으로 사적(私的) 자본시장에 되돌아왔다. 그리고 런던과 뉴욕에 나무랄 데 없이 투자됐다.

이런 역외 센터의 대부분이 지도상에서 바늘로 콕 찔러 표시할 만큼 작은 곳에 있다. 저지섬, 바하마 제도, 영국령 버진 아일랜드, 말레이시아의 라부안 섬 등이다. 물론 룩셈부르크, 스위스, 심지어 런던, 뉴욕, 더블린 등의 해안 쪽에 면한 곳도 있다. 이런 작은 지역들에 지금 막대한

* 영국 해협의 최대섬

부가 예치돼 있다.

이들을 둘러싼 비밀주의 때문에(저지섬은 이를 '극비confidential' 라고 표현한다) 예치총액이 어느 정도나 되는지는 알 수 없다. 최근의 한 추산에 따르면 6조~8조 달러가량이라고 한다. 거의 한 해 동안의 전세계 재화, 용역 교역량과 맞먹는 금액이자 전세계 부의 3분의 1가량 되는 액수다. 채널 제도와 만섬(Isle of Man)의 예탁고만 현재 4,000만 파운드에 이를 것으로 추산된다. 또 하나의 비밀은 한때 보수당이 전세계적으로 40개의 역외계좌를 보유했다는 사실이다.

지금도 어마어마한 투기자본이 규제나 자국의 통제도 없이 역외 금융센터로 흘러들어오고 있다. 저지섬과 건지섬*에서는 비거즈 회사라도 세율이 2% 이하로 되도록 협상할 수 있다. 루퍼트 머독의 언론기업 뉴스 인터내셔널이 세금을 거의 내지 않을 수 있는 것도 이 때문이다. 미국의 세금 회피 규모는 현재 한 해 3,250억 달러에 이르고 있다. 대부분 역외 세금 피난처를 통한 것이다.

마약거래조직의 두목, 암거래상, 마피아 역시 부정한 방법으로 얻은 이득을 세탁하기 위해 역외 센터를 이용하고 있다. 사이프러스 한 군데서만 러시아 암거래 시장에서 들어와 관리되는 자금이 한 해 25억 달러씩에 이른다. 전세계 범죄조직의 규모를 돈으로 환산하면 현재 해마다 1조 5,000억 달러 정도씩 된다.

＊영국 채널 제도에 있는 섬

하지만 작은 제도(諸島)에조차 이는 위험하다. 저지섬의 경제자문관 존 크리스텐슨은 이곳의 역외금융이 다른 모든 경제 활동을 밀어내고 있다고 경고했다. 관광산업은 고전하고 있고 농업 역시 남은 게 없다. 물가와 부동산 가격도 역외금융 때문에 밀려 올라가고 있다.

이런 '둥지로 날아든 뻐꾸기 효과'*는 대형 금융센터 곁에 있는 누구에게나 영향을 미친다. 런던에서처럼. 결국 금융 서비스가 다른 모든 것을 몰아내기 시작한다. 전세계 자본의 경악할 만한 힘에 사로잡힌 저지섬의 사례는 고전하는 제조업을 지원하지 않고 모든 경제 정책을 금융 서비스 산업에 맞춰 펼치는 영국에 경고가 될 만하다. 아마도 저지섬의 운명은 미래에 대한 두려운 예고편일지 모른다.

세계의 프라이빗 뱅크에 예치됐다고 알려진 돈	
1986년	4조 3000억 달러
1997년	10조 달러
2000년	13조 달러
자료 : 제미니 컨설팅	

*남의 보금자리에 침입해 평화를 교란하는 현상

카발리트 싱
『세계 자본의 흐름 길들이기 : 금융 국제화 시대의 도전과 대안 : 시민들을 위한 안내』

소유권
돈의 숨은 힘

미래의 경제는
소유권(possession)보다는
관계(relationships)에 기반을 둔다.
-존 페리 발로

작용은 양방향으로 일어날 수 있다. 돈을 정보로 전환하면 쓸모는 한층 커진다. 정보가 된 돈은 우리 스스로를 지원하기 위해 필요한 것들을 찾아낼 수 있도록 도와주고 통화 시스템의 본질 전체를 바꿔버린다. 이는 메탈처럼 굳어버린 것이 아니다. 정보를 팔고 난 뒤에도 우린 아직 그 정보를 소유하고 있다. 과거보다 값어치가 줄기는 했지만.

하지만 정반대 방향으로 작용할 수도 있다. 돈이 정보가 되면 소유권은 땅이나 부동산 같은 것에서 아이디어, 정보, 음악, 이야기 등으로까지 확대된다. 이런 2가지 절차가 지난 세대 동안 가속화돼왔다. 지적재산권의 가치가 커지면서 이를 사용하는 이들의 수입을 빨아들이는 어마어마한 소리가 전기청소기 소음처럼 전세계에 메아리쳤다.

물론 특허권은 때때로 중요하다. 이것이 있어 회사는 온갖 규제를 통과한 자기 회사의 기술을 누군가 훔쳐갈지 모른다는 걱정을 할 필요 없이 안심하고 신약개발에 막대한 자금을 투자할 수 있다. 하지만 특허권을 탐욕스럽게 착취하다 보면 다른 지역의 혁신을 방해할 수도 있다. 중세 때 몇몇 도시는 수입한 물건을 베껴 개량하는 일로 먹고살다시피 했다. 그 결과 세계의 부가 이미 부자였던 이들에게만 다시 집중됐다.

특허권 규약으로 제3세계 국가들이 스스로 유전학적 에이즈 신약을 개발하지 못하게 돼 있는 일 등만 봐도 사정이 나쁘다는 걸 알 만하다. 그런데 WTO(세계무역기구)의 TRIPS(무역 관련 지적재산권에 관한 협정)는 이런 작용들을 완전히 새로운 수준으로 끌어다놓았다. TRIPS의 규약은 통제권을 특산식물 유전자원업체에 넘김으로써 가난한 농부들의 생존권을 위협할 수 있다. 유전자, 종자(種子), 작물의 이런저런 특징에 대해 특허등록을 함으로써 이들 회사는 중요한 종자나 이를 기르는 데 필요한 투입물을 생산해 시장화하는 데 독점적인 권한을 행사할 수 있게 됐다. 그 결과 종자 가격 상승은 빈농들의 생계를 파괴할 수 있다.

문제는 TRIPS가 지식과 소유권에 대한 선진국들의 이해타산에 근거하고 있다는 것이다. 지적재산권이 지역사회 전체에 속해 이미 그들의 문화와 정신의 일부가 돼버린 토착민들과 농부들은 보호받지 못한다. 전세계적으로 널리 사용되는 처방약의 절반 이상이 작물에서 추출되거나 작물 화학성분을 합성해 만들어진다. 한 추산에 따르면 전세계 토착농들이 자신들이 개발한 유전자원의 2%에 대해서만 로열티를 받는다 해도 거대 제약회사들은 약용작물 하나에 대해 50억 달러 이상씩을 지불해야 하는 셈이라는 것이다.

가장 악랄한 예가 멀구슬나무(Neem Tree)다. 1994년 미국 회사인 W. R. 그레이스는 멀구슬나무 씨앗에서 축출한 곰팡이 제거제에 대한 특허권을 획득했다. 이는 전통적으로 아시아, 아프리카, 중남미 등에서 곡식의 병충해 박멸을 위해 사용돼온 것이다. 유럽 특허사무국은 2000년 5월 새 기술이 아니라는 이유로 그 특허권을 박탈했다. 하지만 다른 곳에서는 아직도 이런 불공정한 일이 계속되고 있다.

바스마티 쌀이 한 예가 되겠다. 텍사스의 라이스텍이라는 회사는 서반구에서 재배되는 모든 바스마티 쌀에 대한 억지 특허권을 획득했다. 파키스탄이나 인도 바스타미 품종에 그곳 농부들이 다른 종류의 쌀을 접붙여 창출해낸 모든 품종에 대해서까지. 바스타미 쌀 품종은 여러 세대에 걸쳐 펀잡의 농가에서 개발돼왔다. 그 품종은 워싱턴 국제식량정책즈사기구에 기증돼온 것이었다. 토착농 대표들은 대규모 캠페인을 벌여 라이스텍의 남은 권리를 박탈하라고 미국 특허권 사무소에 요구했다.

더 나쁜 것은 이익이 되는 것에 특허권을 요구하듯 대형 제약회사들이 이윤이 많이 남는 약품 개발에만 투자하려는 경향이 강하다는 점이다. 말라리아 같은 남쪽(후진국) 문제 해결을 위한 중대한 도약토다는 발기부전 등 북쪽(선진국)에서 일어나는 사소한 불만을 개선하기 위한 연구를 선호하게 된다는 것이다. 에이즈 약품 등도 주로 아프리카를 황폐화시키고 있는 품종보다는 북쪽에서 흔히 발견되는 변종 등을 치료하는 데 초점이 맞춰져 있다. 그밖에 다음과 같은 폐해도 따른다.

- 40여 제약회사들이 에이즈 치료약의 제너릭*이라고 알려져 있는 싸구려

복제품을 수입했다는 이유로 남아프리카 공화국 정부를 고소했다. 그들은 나중에야 이를 철회했다.
- 제약업계의 거물 글락소 스미스클라인 역시 에이즈 치료를 위한 제너릭 약품을 수입했다는 이유로 가나와 우간다를 겁주고 위협했다.
- 미국은 AZT**를 무단 복제해 TRIPS를 모욕했다는 이유로 브라질을 WTO 분쟁조정절차까지 끌고 갔다. 1년 동안 한 약품에 드는 비용은 고작 3,000달러였지만 미국이 제소한 금액은 1만 5,000달러였다. 이런 저렴한 약품은 6만여 명에 이르는 브라질 에이즈 환자들이 무료로 치료를 받을 수 있도록 도와줘온 것이다.

문제는 특허권보다 훨씬 광범위하다. 외국계 회사에 투자함으로써 기업체는 그 회사들에 대해 평생 권리를 행사한다. 기업들은 지구상의 훨씬 넓은 곳에까지 서서히 영구 소유권을 확대해가고 있다. 국유화가 제대로 기능하지 못하는 현실에서 사람들에게 소유권을 되돌려주려면 어떻게 해야 할까?

여기 세 가지 아이디어가 있다.

소멸시효: 오스트레일리아의 재정가 샨 턴벌에 따르면 영구 권리란 효력이 없는 개념이다. 20년 이후를 내다보는 회사는 없기 때문에 시스템이 회사에 초과 지불하는 셈이다. 대안으로 그는 20년 뒤 투자 권리가 소멸돼 지역

---

* 상표등록의 보호를 받지 않는 약
** 에이즈 치료약인 항바이러스제

신탁으로 되돌아가야 하며 해마다 모든 시민들에게 배당금이 지급돼야 한다고 주장했다(p160 참조).

시민에게 사용료 지급 : 알래스카의 모든 시민들은 알래스카 영구 펀드로부터 한 해 2,000달러씩 배당금을 받고 있다. 석유와 관련된 수입금에서 나오는 돈이다.

무료 지분 : 존경받는 경제 언론인인 사뮤엘 브리튼은 사유화하지 말고 국민들에게 무료 지분을 나눠줘야 한다고 제안했다. 국민들이 이론적으론 대규모 공익 설비의 최초 소유권을 지니고 있기 때문이다.

찰스 바즐린튼
『공짜 점심』

세계화
돈의 법칙

최근의 현상은
오로지 돈만 측량한다.
일종의 '경제적' 적자생존인 셈이다.
하지만 '적자(fittest)'에 대한
정의─시장 지향적이고 이윤이
나야 하며 세계화돼야 한다─는
애처로울 정도로 적절하지 않다.
재정적으로 '적자' 인 이들만이
살아남는다. 사람이건 지역사회건
국가건 적자가 아니면
피를 흘리며 말라죽어간다.
약간의 변화도 참아주지 않고
무조건 파괴시키는 기제다.
이는 우리 대부분이 원하는
세상을 만들어주지 못한다.
-아니타 로딕

기업 분야의 선구자인 존 D. 록펠러는 한때 아주 냉혹한 직원이 있다면 연봉 백만 달러도 선뜻 줄 수 있다고 뽐내듯 말했다. "그는 어린아이 같은 무심함으로 모든 도덕적 제한 위를 미끄러져나갈 수 있어야 한다. 게다가 다른 긍정적인 자질을 가지고 있어야 하며 양심의 가책이 없어야 하고 투덜거리지 않고 무수한 이들을 희생양으로 만들 준비가 돼 있어야 한다"고 록펠러는 썼다. 이게 '세계화' 라고 알려진 현상의 첫 번째 측면이다. 아직은 미숙한 믿음, 즉 윤리는 기업과 금융의 세계에서 적용되지 않는다는 것이다. 거대한 금융세계의 지배자는 인류 가운데 오직 주주에게만 의무를 갖는다는 것이다.

두 번째 측면은 자유무역이라는 개념의 오해다. 자유무역이란 원래는 빅토리아 시대의 자유당원들이 노예해방운동의 다음 단계로 발명해낸 개념이다. 즉 자유로운 사람은 평등하게 교역할 수 있기에 독점을 방지하는 중대한 개념이라는 것이다. 이제 똑같은 개념이 정확히 정반대의 것을 정당화하기 위해 쓰인다. 자유무역이란 지구상에서 가장 강력한 힘을 가진 쪽이 힘없는 이들을 지배하려 만든 것이며 독점기업에 안전한 세계를 제공해주기 위한 개념이 됐다.

하지만 세 번째 측면은 세계화를 그토록 강력하게 만든 요인임과 동시에 이 장이 왜 이 책의 2부에 속하게 됐는지를 알려주는 요인이다. 세계화는 지구상의 한쪽에서 전자적으로(electronically) 즉시 일어나 빠르게 이동하는 자본으로 더욱 강력해졌다. 이런 흐름에 위배되는 행동을 하는 이들에겐 가혹한 처벌이 따른다. 그 나라의 통화가 붕괴돼버릴 수도 있다.

그 결과 정부가 보조금을 주고 부추겨서 만든 시스템이 나타났다. 이 시스템이 세상을 자본과 프로젝트를 재빨리 한 장소에서 다른 장소로 옮겨갈 수 있는 이들의 놀이터로 만들면서 권력을 극소수의 다국적기업에 넘겨주었다. 이 장소에서 저 장소로 회사가 아무 제한도 받지 않고─규제가 적고 최저임금을 받는 가장 유순하고 절박한 노동자를 찾아─옮겨다닐 수 있게 되면 모든 사람들의 복지가 증진된다는 생각은 미심쩍기 그지없다. 이는 유목하는 자본의 세상이다. 그 자본은 뿌리를 내리지 않고 지역사회를 지탱하지 않으며 유독한 쓰레기와 상처 입은 노동자만 남겨둔 채 떠나버린다.

세계화에는 많은 의미가 깃들어 있고 그 모든 것이 다 재앙은 아니다. 전세계에 걸친 숨은 지옥을 사전에 알아볼 수 있는 능력은 사람을 윤리적으로 선하게 만들어줄 수 있는 힘이다. 독재자들은 그대로 노출돼버린다. 하지만 지구촌 사람들은 그들이 원하지 않더라도 교역하는 것이 당위라고 주장하는 악랄한 세계화에서 비롯된, 한 문명이 다른 문명을 지배하는 규칙은 별개의 문제다.

이런 관점을 더욱 강요하는 것이 제네바 호 연안에 있는 설명할 길 없는 WTO다. 식품의 안전성이나 환경적 영향 등에 대한 비공개 비밀회의를 하면서, 많은 소국들이 그곳에 대표를 파견할 여력이 없어 자연히 배제된다. 결과는 어디서나 나타난다. 약소국 정부는 교육 및 보건 예산을 짜거나 자본의 유출입을 금지(종종 채무재조정의 하나로 '구조조정'이라고도 함)하는 데 무능력하기에 부자건 가난하건 전국민을 심각한 의존상태에 몰아넣고 말 것이다. 예를 들어보자.

- 인도의 부족민들은 마하라슈트라의 오래된 물탱크에서 물을 끌어다 쓸 수 없다. 코카콜라가 독점해버렸기 때문이다. 심지어 세계은행은 인도에 더 많은 물을 사유화하라고 압력을 넣고 있다.
- 펩시는 인도의 다른 지역에서 그 지역 사람들이 지붕에 물을 모아두지 못하게 하려 한다. 미국 거대재벌인 벡텔사가 보조금 몇 푼을 쥐어주고 물 관련 산업을 몽땅 사들인 뒤 볼리비아 일부 지역에서도 빗물을 모아두는 일이 불법이 됐다.
- WTO는 각국이 돌고래를 해치지 않는 방법으로 포획한 참치와 그렇지 않은 참치를 구별할 필요가 없다고 판결했다. 또한 비록 건강한 자연산 소에 비해 압도적인 가격경쟁력을 가졌다 해도 성장 호르몬을 맞은 소를 차별할 수도 없다고 규정했다.
- 종자 독점업체인 몬산토는 소규모 농가가 다음해의 농사를 위해 종자를

저장해두는 전통적인 방식조차 불법이라고 기소했다. 이 회사는 자사가 특허를 출원한 살충제를 써야만 자라나는 종자를 개발해왔다.
- 니카라과 노동자들은 자기들이 생산하는 진바지 한 벌의 가격을 8센트씩만 인상해달라고 했다고 해서 10년형에 기소됐다. 이런 바지들은 미국의 월마트 같은 대형 소매점에서 한 벌당 30달러씩에 팔려나간다.

공격적인 세계화의 징후는 곳곳에서 감지되지만 특히 극빈층의 강제적 종속이 심화되는 데서 가장 크게 느낄 수 있다. '가장 작은 곤충, 가장 작은 식물, 가장 영세한 농민들을 박멸해야 한다는 강제적 요구는 깊은 두려움에서 온다'고 인도의 자연과학자 반다나 시바는 썼다. "생기 넘치고 자유로운 모든 것에 대한 두려움이다."

WTO는 극빈층을 지원해줄 여력이 없는 게 아니다. 하지만 아직까지는 빈국들이 이런 메커니즘을 적절하게 이용할 수 있을 만큼 WTO의 개혁이 이뤄지지 못했다. 또한 환경과 관련된 협약을 강제하는 데도 책임을 나누지 않고 있다.

몇몇 국가의 GDP와 몇몇 회사의 총매출 비교	
제너럴 모터스	1,620억 달러
태국	1,520억 달러
노르웨이	1,500억 달러
포드	1,450억 달러
미쓰이	1,420억 달러
사우디아라비아	1,380억 달러
남아프리카	1,280억 달러
셸	1,260억 달러
월마트	1,170억 달러
말레이시아	980억 달러
이스라엘	980억 달러

아니타 로딕
『개인적인 생각 : 세계화의 영향과 이에 맞서기 위한 대책』

3장
돈의 측정

돈의 문제점은 썩 좋은 측량도구가 못 된다는 점이다. 돈은 쓸모없는 것(던킨 도너츠), 위험한 것(스텔스 폭격기), 덧없이 지나가는 것(베르사체 장신구) 따위에는 높은 가치를 부여하면서 정말 중요한 사랑이나 인류애에는 가치를 두지 않는다. 그런데도 우리는 세상을 운영해나가는 데 있어 중심적 중요성을 돈에 부여했다.

최초의 회계사들

파치올리와 부기(簿記)

> 손가락 사용을 최소화하라.
> 고객은 손가락을 좋아하거나
> 원하지 않고 두뇌를 원한다.
> 사실, 진실, 원칙에 근거해 생각하고
> 숫자란 단지 이를 표현하기 위한
> 수단이라고만 생각하라.
> 그렇게만 하면 당신은 훌륭한
> 회계사가 될 수 있으며
> 지상에서 가장 진실되고
> 훌륭한 전문직업인이라는
> 신뢰를 얻을 것이다.
> -제임스 애넌, 『미국 최초의 회계사』

최초의 회계사들은 고대의 철학자 겸 사제들이었다. 그들은 대단히 독특한 손놀림으로 알쏭달쏭하게 계산서를 작성하고 주판을 놓아 아무도 이의를 제기할 수 없는 답을 내놓곤 했다.

이 기본적인 측정 시스템을 바꾼 것은 이탈리아의 르네상스였고 2년씩 인도 등으로 떠났다가 되돌아온 뒤에도 기록해둔 국제거래를 가지고 이익이 났는지를 알아볼 수 있어야 했던 새로운 상인들의 등장이었다.

그들은 새로운 발명품 3가지를 사용해 목적을 달성했다.

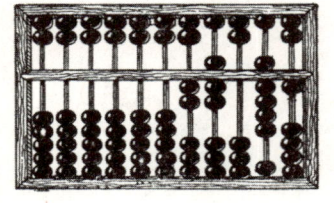

종이: 주판을 사용하는 이들의 알쏭달쏭한 요술을 적어두어 모두 볼 수 있고 계산할 수 있게 해주었다.

숫자 0: 아라비아 숫자와 함께 아랍인들에게서 빌려온 완전히 새로운 개념. 1229년 교회는 '무(無)'란 악마적인 의미이며 펜 한 번 휘둘러 숫자를 기하급

수적으로 증가시킬 수 있는 사기의 가능성이 있다는 이유를 들어 이의 사용을 금했다. 그 이후 숫자 0은 지하 자유무역의 상징으로 쓰였다.

복식부기 : 레오나르도 다 빈치의 친구이자 수학자이자 베네치아의 수사였던 루카 파치올리가 처음 고안해냈다. 그는 교황과 어찌나 가까웠던지 청빈맹세를 무시해도 된다는 허락을 받아 사유재산을 가졌다.

콜럼버스가 신대륙을 발견했다면 파치올리는 가만히 앉아 일약 그를 유명하게 만들어준 책 한 권을 썼다. 『산술, 기하, 비례, 균형에 관한 백과사전』(1494)이다. 점성술부터 군사전략과 음악에 이르기까지 모든 것을 이 한 권에 구겨 넣었다("비례와 균형 말고는 아무것도 없다"). 부기에 관한 장은 19세기까지 독일어와 러시아어로 번역되는 등 500여 년간 계속 출간됐다.

파치올리는 모든 것을 숫자로 요약하는 방법을 개발했다. 하지만 그는 도덕성과 영성(靈性)을 잃어버린 회계업무는 원치 않았다. 그는 회계 원장(元帳)의 모든 페이지를 십자가와 신의 이름으로 시작하라고 권유했다. 상인들은 이와 유사한 시스템을 2세기 동안이나 사용했으며 그들 가운데 적어도 일부는 페이지마다 '신과 이윤을 위해'라는 말로 시작했다.

이후 여러 세대를 거치면서 돈으로 환산될 수 없는 것들에 기본적인 경의를 표하는 이런 관습은 잊혀져갔다. 그런데도 회계사들은 자기 직업에 이런 성스러운 아우라(aura)가 있음을 여전히 주장하려고 했다. 그 결과 영국체신공사 스캔들부터 BCCI(Bank of Credit & Commerce International)를 거쳐 맥스웰 사건, 엔론 붕괴까지 꼬리를 물고 회계 부정들이 일어날 때마다 더 많은 회계

전문가가 필요하다는 요구가 일어났다.

　문제는 규칙에 근거한 측정 시스템은 요점을 비껴가기 쉽다는 것이다. GAAP(Generally Agreed Accountancy Principles)으로 알려진 미국의 일반적 회계기준으로 엔론이 미국의 가장 혁신적인 기업이었을 때조차 장부를 조작하고 있었다는 사실을 미리 투시해내지 못한 것도 그 때문이다.

알프레드 크로스비
『진실 측정하기 : 수량화와 1250~1600년의 서구사회』

마지막 회계사들

엔론의 저주

> 금융 공동체가 일반 공동체에 대해 느끼는 책임의식은 그저 적은 게 아니다. 거의 무(無)에 가깝다.
> -존 케네스 갤브레이스, 『1929년 증시 대폭락』

회계사라고 하면 조용하고 내성적이고 객관적인 성향이 강한 전문직업인이라고 보는 경향이 있다. 물론 때로는 그렇다. 하지만 그들 뒤에는 다들 알아차리지 못할 만큼 막강한 힘을 가진 국제조직이 버티고 있다. 거대 회계기업들인 딜로이트 투시 토머츠, 에른스트 & 영, KPMG, 프라이스워터하우스쿠퍼 등이다. 그들은 내성적이지 않다.

이들은 FTSE 100에 상장된 모든 기업들의 회계감사를 맡고 있고, 50만 명 이상을 고용해 해마다 650억 달러 이상씩(엔론 스캔들 이전 빅5 회계기업이 있었을 당시를 기준으로)의 수입을 올렸다. 그들은 단순히 회계감사만 하는 게 아니라 경영 서비스를 제공하고 다운사이징(감량화)부터 리엔지니어링(기업체질 개선)까지 경영의 최신 유행을 실어 나른다. 그들은 또한 세계화의 치어리더들이다.

엔론이 2002년 붕괴되자 회계감사를 맡았던 아서 앤더슨도 곧 그 뒤를 따랐다.

그 전해 주업인 회계 관련 서비스로 2,500만 달러를 벌어들였던 이 회사는 서류가 갈가리 찢기는 소리와 함께 관계를 청산해야 했다. 위의 빅4 회계기업들은 기업 역사에서 미친 시기를 통과해야 했다(부분적으로 그들 스스로의 책임으로). 이로 인해 미국 회계사들은 회계장부를 감사하는 데 체크리스트 형식의 간단한 방식에 급격히 의존하게 돼 숱한 분식회계 등이 공공의 감시를 빠져 나가도록 방조했다.

예를 들어 마이크로소프트사 등의 경우 회사 가치의 90% 이상이 브랜드 가치, 노하우, 미래수익에 대한 기대 등 무형 자산으로 이뤄지는 시대가 됐다. 이에 따라 세상도 혁신적인 회계 시스템을 요구하게 됐다.

불행한 것은 잘못된 혁신이 이뤄졌다는 것이다.

- 기업 권력의 집중을 용이하게 했다 : KPMG 보고서에 따르면 기업 합병의 83%가 이익을 내지 못했고 관련 기업들의 절반 정도가 합병 이후 더 가난해졌다. 빅4 등 딜메이커들을 제외하고 말이다. 매니저들은 이런 사실을 은폐하려고 했지만 실패했다.
- 회계감사 고객(피감사기관)과 지나치게 긴밀한 관계가 형성됐다 : 이에 따라 적절한 공적 감시가 이뤄지지 못하게 됐다.
- 공격적으로 세금 축소를 도왔다 : 최대 규모의 세계 기업들이 합법적인 조세피난처나 기타 여러 가지 방법을 이용해 세금을 줄였다. 이에 따라 민주적인 정부가 일을 해나갈 능력의 기반을 허물어뜨려버린 셈이다. 영국 정부는 이런 식의 세금 회피 때문에 정부가 한 해 250억 달러씩 손

해를 보고 있다고 추산했다.

- 영국 구호예산에서 2,200만 파운드가량이 흘러나갔다 : 각종 컨설팅과 조언의 대가 지급 명목이다. 아서 앤더슨까지 포함허 빅5 회계법인이 있던 1999~2000년의 통계다.
- 1,300만 달러의 정치자금을 냈다 : 미국 대선이 있었던 2000년 조지 W. 부시에게 흘러간 70만 달러를 포함한 수치다.

영국 회계사 숫자	
1904	6,000명
1957	3만 8,000명
1999	10만 9,000명

앤드루 심스
『다섯 형제들 : 대형 회계법인의 발생과 보복』

미쳐버린 GDP

돈이 전부가 아닌 이유

> 우리는 가로변의
> 아름다운 풍경을 파괴한다.
> 사유재산이 되지 않은
> 자연의 아름다움은
> 경제적 가치가 없기 때문이다.
> 배당을 하지 않는다는 이유로
> 태양과 별빛을 차단해버릴 수도 있다.
> -J. M. 케인스, 『국가 자급자족』

영국 정치인들에게 '경제적 성장'이라는 개념을 소개한 것은 1955년 영국 총선이었다. 이는 당시 재무장관 R. A. 버틀러가 만들어낸 혁신이었으며 케인스나 사이먼 쿠즈네츠 등 전시(戰時) 경제학자들의 작업에 토대를 둔 것이었다. 그들은 히틀러를 물리치기 위한 한 방편으로 국민계정(national account)이란 것을 개발해냈다.

아이디어는 간단했다. 경제를 관통하는 재화와 서비스 가치를 한 해 3%씩 증가시키면—이것이 국민총생산(GNP) 또는 국내총생산(GDP)으로 알려진 악명 높은 개념인데—사람들 삶의 질을 25년간 2배 향상시킬 수 있다는 것이었다.

문제는 그게 사실이 아니라는 데 있었다. GDP는 삶의 질을 재는 척도가 아니었다(p104 참조). 이는 그저 경제를 관통하는 여러 가지 것들의 가치를 측정하는 도구일 뿐이었다. 그 둘은 아주 다르다. 오염이나 석유유출물을 정화하고 살인사건을 해결하고 패스트푸드점의 포장 종이로 쓰기

위해 나무를 베어버리는 데 돈을 죄다 쓸 수도 있다. 이럴 때 GDP는 더 높아지겠지만 인생이 더 풍요로워지지는 않는다. 이건 그저 기름유출과 살인이 더 늘어났다는 얘기가 될 뿐이다.

전세계에 걸쳐 이런 끔찍한 실수가 정부 정책으로 채택됐다. GDP가 높아지면 세금을 더 거둬들여 더 많이 지출할 수 있을 것이다. 이에 따라 관료들에겐 오로지 GDP 숫자만 문제가 되기 시작했다. 경제학자들에겐 GDP란 그저 경제적인 활동을 측정한 수치에 불과했지만 정치인들에게 그것은 어느덧 성배(聖杯)가 됐다.

정책 수단으로서의 GDP에는 또 다른 문제점도 있다.

모든 것을 측정할 수 없다 : 모든 게 돈으로 교환된다면 괜찮다. 하지만 돈이 지불되지 않는 활동이라면 측정되지 않는다. 집에서 노인을 돌보는 활동은 GDP에 포함되지 않는 반면 노인을 요양원에 보내고 돈을 지불하면 포함된다.

자연적으로 형성된 부는 계산에 넣지 않는다 : 자연적으로 자란 나무 한 그루의 가치는 GDP에 포함되지 않는다. 나무를 베어내 이쑤시개로 만들어야 국민계정에 들어간다.

진보에 대한 바보 같은 생각을 촉진할 수 있다 : GDP에 대해 의문을 제기하는 사람에게—습지나 숲을 밀어버리고 공항을 짓는 것보다는 그대로 보존하는 게 낫지 않느냐는 등—GDP는 '진보'의 상징이니 그 길을 막지 말라는 대답만 되돌아온다.

영성(靈性)에 대해 무감각하다 : GDP는 개발도상국을 평가하는 데도 사용된다. 하지만 어떤 나라의 가장 중요한 생산물이 기도와 수도승이라면 그 성공을 어떻게 평가할 수 있겠는가.

양날의 칼이다 : 사람들이 패스트푸드를 과잉 섭취하면 GDP는 증가한다. 그리고 나서 날씬하게 보이기 위해 수술을 하면 또다시 증가한다. 암을 유발하는 살충제가 판매될 때도, 이를 치유하는 약이 판매될 때도-아마 2가지는 같은 회사에서 만들어진 것이겠지만-GDP는 뛰어오른다. 로스앤젤레스에서는 교통체증시 거리에 뿌려지는 기름값만 한 해 8억 달러에 이른다. 이게 '진보'인가?

무보수 노동은 측정되지 않는다 : 이는 대부분 여성에 의해 집 안에서 이뤄진다. 뉴질랜드 하원의원인 마릴린 워링이 말했듯 가정부와 결혼하면 GDP는 떨어진다.

1930년대 쿠즈네츠 밑에서 GDP 개념 개발을 도왔던 남성 경제학자들의 리스트 밑에 이런 노트가 붙어 있었다. "여성 사무직원 다섯 명이 실질적인 경험과 노하우로 이 일에 중요한 도움을 주었다." 이 익명의 여성들은-분명 모두가 실질적 경험을 갖추었음에도-아무것도 아닌 사람이 됐고 이처럼 "눈에 보이지 않는 여성"이란 개념은 그들이 창출한 시스템에까지 번져 아직도 여성의 일을 무시하게 한다.

그런데 GDP란 이런 것보다 훨씬 파괴적이다. 정부가 측정하는 것이 오로지 GDP뿐이라면 그들은 사실상 환경이나 삶의 질 등 다른 것들에는 곧 까막눈이 돼버리고 말 것이기 때문이다. 또한 당연히 인생에서 정말 좋은 이런 것들이 측정되지 않는다면 곧 딱딱하게 굳어 조만간 존재하지도 않게 될 것이기 때문이다.

사이먼 쿠즈네츠조차 다른 생각을 하기 시작했다. "그는 국가의 복지가 위에 정의한 국민소득 측정보다 열등한 것이 될 수 없다"고 1934년 경고했다. 30년 뒤 그는 한 발 더 나아간다. "질적 성장, 양적 성장, 그 비용과 대가, 단기와 장기의 구분을 반드시 새겨둬야 한다. '더 높은' 성장이란 목표에는 무엇의, 무엇을 위한 성장인지가 자세히 제시돼야 한다."

측정도구로서 GDP가 문제될 것은 없다. 하지만 그게 우리가 측정하는 '전부'일 때는 문제가 된다. 1990년대 54개국에서 GDP가 떨어졌다 해서 문제가 되고 있다. 하지만 이에 대한 해법이 '고도의' 성장일 수는 없다.

자원봉사 분야에서 활동하는 영국인(GDP에 불포함)	2,300만 명
보수를 받고 일하는 영국인	2,200만 명

라다크(동부 카슈미르)의 GDP는 세계에서 가장 낮은 축에 속한다. 1인당 GDP는 거의 무(無)에 가깝다. 하지만 많은 사람들이 라다크를 세상에서 가장 균형 잡혀 있고 환경파괴가 없으며 행복한 사회로 생각한다. GDP로 평가하자면 이 나라는 사지절단 환자 수준인데 말이다. 헬레나 네르버그-호지 『오래된 미래』

마릴린 워링
『만약 여성도 포함된다면 : 새로운 페미니스트 경제학』

행복

돈이 훌륭한 가이드가 될 수 없는 이유

돈으로는 사랑을 살 수 없어요.
-존 레논과 폴 매카트니

정치가와 경제학자들이 온통 GDP와 성장만 강조하고 "진보의 길목을 가로막지 않는 것"이 결정적으로 중요하다고 생각하는 시대에, 인류의 성취와 행복감 사이에는 연관이 있다는 점을 생각해보기 바란다.

행복이 커지는 것은 수입 증가 자체와 거의 관련이 없다. 지난 반세기 동안 수입이 급증했는데도 서구사회의 행복 수준은 제자리걸음을 했다는 것을 보여주는 많은 증거가 있다. 부자가 더 행복해졌다면(실제 일어날 수 있는 일이다) 이는 그들이 맺고 있는 타인과의 비교관계와 더 관련이 깊을 것이다.-그들이 남보다 더 가졌다는 사실은 언제나 만족감의 원천이니까.

사실 행복을 연구한 경제학자인 리처드 레이어드 교수는 극히 부유한 계층에 부유세를 부과해야 한다고 제안했다. 그들의 부가 다른 사람들에게 상대적인 불행감을 안긴다는 이유에서다. '지위'를 나타내는 물건들인 명품이나 디자이너 브랜드 등이 실제로 이를 가질 수 없는 이들을 불행하게 한다는 증거도 있다. 이런 물건들이 부러움을 불러일으킨다는 것이다.

하지만 이는 전부 상대적인 부에 대한 것이다. 돈과 행복 사이에는 직접적인 상관관계가 없다. 차라리 부의 상대적 차이와 불행 사이에 관계가 있다.

정책 결정자들은 '성장'이란 개념을 포기하고 제레미 벤덤이 주장한 방식-최대다수의 최대행복-으로 성공을 측정하는 게 어떨까? 물론 개개인의 행복을 도외시한 다수의 행복이란 있을 수 없기에 이는 불가능하다(결국 누군가의 행복은 나머지 사람들의 것을 압도할 수밖에 없게 된다). 하지만 지금처럼 강박적으로 사람들의 돈만 좇기보다는 그들의 감정을 좀 더 좇아야 한다는 것은 분명하다. 그렇게 하기만 하면 이런 일이 벌어질 것이다.

'쾌락의 쳇바퀴(hedonic treadmill)'에서 벗어나게 한다 : '쾌락의 쳇바퀴'란 사람들을 더 행복하게 만들어주지 못하는데도 물질적인 것을 추구하느라 더 고되게 일하게 하고, 더 꼼수를 부리게 하고, 죽을 만큼 스트레스를 받도록 소모시키는 상황을 일컬어 경제학자들이 붙인 이름이다.

생산성에 의미를 둔다 : 우리 인생에는 가족, 자연, 창조성 등과의 균형이 필요하다. 업무로 인한 총체적 스트레스 상황에서 은퇴와 실업 등으로 인한 총체적 무의미로 옮겨가는 것이 건강을 악화시키는 중요 요인 중 하나라는 사실을 모든 정황이 증명하고 있다.

정신위생에 집중하게 한다 : 영국의 장애 중 절반이 심인성 질환에서 비롯되는데도 심인성 질환은 건강 관련 재원의 12%밖에 지원받지 못하고 있다.

신경쇠약은 치료 가능한 질병인데도 환자의 4분의 1 정도만 치료를 받고 있다.

공익에 집중하게 한다 : 배급제와 저임금의 제2차 세계대전 당시에 영국인 대부분은 더 행복했다. 공익을 위해 노력했기 때문이다. 그런데도 정치인들은 공공 봉사를 하려는 사람들의 정열을 어떻게든 훼손하려 해왔다. 진실은 공익이 사람들을 더 행복하게 만들어준다는 것이다.

세계에서 가장 행복한 10개국(발췌 ; 이코노미스트)
콜롬비아, 기니, 스위스, 캐나다, 덴마크, 나카라과, 코스타리카, 스웨덴, 아이슬란드, 아일랜드

리처드 레이야드의 강의 :
http//:cep.lse.ac.uk

효율성
무능력의 숭배

저 사악한 4세기 동안 세상은 효율성이란 바보 같은 꿈을 꿔왔고 그건 아직도 끝나지 않았다.
-조지 버나드 쇼, 『존 불의 다른 섬』

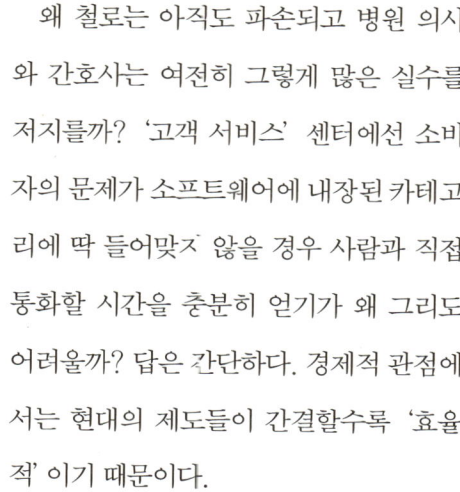

왜 철로는 아직도 파손되고 병원 의사와 간호사는 여전히 그렇게 많은 실수를 저지를까? '고객 서비스' 센터에선 소비자의 문제가 소프트웨어에 내장된 카테고리에 딱 들어맞지 않을 경우 사람과 직접 통화할 시간을 충분히 얻기가 왜 그리도 어려울까? 답은 간단하다. 경제적 관점에서는 현대의 제도들이 간결할수록 '효율적'이기 때문이다.

이는 사람들의 필요를 충족시킬 자원을 가지고 있는지, 환자들을 치료할 충분한 진료진을 확보했는지 등 고전적 관점에서의 효율성이 아니다. 최소한의 자원으로 목표를 달성할 수 있느냐 하는 환경보호적 측면에서의 효율성도 아니다. 요즘 세상에서 효율적이라고 말해지는 것들은 그런 류가 아니다. '효율성'이란 '돈 가치'를 의미하게 됐기 때문이다. 열차 운영자들은 문제가 발생하지 않으면 서비스하기에 딱 맞는 인원만 고용한다. 전공이 다른 수백 명의 의료진이 한 지붕 아래서 일하

는 대형 병원은 효율성을 주장하지만 다음과 같은 비인간적 부수효과는 무시한다.—환자가 같은 의사를 두 번 볼 수 없다는 것, 의료진이 소속감을 느끼지 못해 발생하는 실수들, 처리할 수 없는 병원의 각종 균 등.

물론 공기업이 가능한 한 최소비용으로 운영돼야 한다는 건 맞다. 하지만 이처럼 극도로 돈을 따지는 효율성, 규모에 대한 맹신, 기술관료 위주의 효율성으로 이미 몇 년 전부터 업무 처리 능력까지 마비되는 지경에 이르렀다. 대형 병원과 공장부설학교 등은 영국 정부가 '목표와 지표(target and indicator)'에 따라 관리한다지만 한 다리만 건너면 사기업과의 비밀계약에 의해 운영되고 있다. 그 결과 사람에게 적합한 방식과는 동떨어진 것, 광범위한 의미에서 더 이상 효율적이지 않은 어떤 것이 돼버렸다.

매킨지 등 대형 컨설팅 회사나 대형 회계법인(p97 참조)들은 효율성에 대한 숭배를 지난 세대 내내 퍼뜨렸다. 비즈니스 스쿨을 갓 졸업한 새파란 컨설턴트들이 조직을 보다 '효율적'이 되도록 돕고, 경영학의 최신 유행이라면 무엇이든 따라잡도록 하는 일을 도맡았다. 이로 인해 매킨지가 한 달에 벌어들이는 평균 보수는 15만~25만 파운드에 이른다.

이런 경영 컨설팅 회사들은 이제 총리나 각 정부 부처에까지 조언을 하기에 이르렀다. 포스트 닷컴 시대에 엔론, 글로벌 크로싱, 기타 망해버린 기업들에 그토록 '도움이 되는' 조언을 했듯이. 이들의 주문(呪文)은, 모든 것은 측정할 수 있으며 측정할 수 있는 것은 관리할 수도 있다는 것이다. 난센스가 아닐 수 없다.

효율성에 대한 숭배로 인한 주목할 만한 재앙의 사례들을 보자.

레일트랙 : 경영 컨설턴트들은 영국 철도 기간망의 새로운 주인 '레일트랙' -50억 파운드에 영국 철도를 사기업화한-에 대해 자산 감축을 권유했다. 그렇게 하면 트랙 체크 빈도를 훨씬 효율적으로 운영할 수 있다는 것이었다. 하지만 결과는 사고의 연속에다 레일트랙의 극적인 파산으로 이어졌다.

스위스에어 : 매킨지는 스위스에어에 유럽의 군소 항공사에 20억 달러를 투자하라고 제안했다. 스위스에어는 2001년 파산했다.

병원들 : 2002년 한 해에만 병원의 실수가 25%가량 늘어났다. 런던의 한 대학부속병원은 2002년 한 해 동안 환자에게 투여하는 약물에 대해서만 7일마다 135건씩의 실수를 저질렀다. 그 가운데 4분의 1 정도가 중대한 실수였다.

콜센터 : 영국에 있는 대부분의 콜센터가 고객과의 통화시간을 1분 이내로 단축시키고 있다. 그래놓고는 고객과의 관계가 왜 그리 나쁜지 의아해한다.

아이러니는 이런 '외부효과(externality)' (p117 참조) 때문에 '새로운 관료주의' 를 운영하기 위한 비용은 더욱 비싸지는데도 그 청구서는 다른 누군가의 어깨 위로 떨어진다는 것이다.

데이비드 보일
『숫자의 횡포』

중요한 것
측정하기 1

대안적 지표

우리 지방 경찰서장이 길거리 '활동'이 15%나 증가했다고 발표해도 사람들은 큰 관심이 없다. 정확히 무엇이 증가했다는 건가? 나무 심기인가, 강도인가? 자원봉사자들인가, 범인들인가? 자동차 충돌사고인가, 이웃돕기인가?
-1995년 10월 「월간 애틀랜틱」

돈 아닌 다른 진보의 척도가 있어야 한다. 사실 있다. 부탄 왕은 스스로 '국민총만족'이라고 부르는 척도를 사용하고 있다.

'진보의 재정의(Redefining Progress)'라는 한 연구단체의 연구진이 미국 잡지인 「월간 애틀랜틱」에 대안척도의 필요성을 제안했다. 그들은 글에서 GDP가 적절한 척도일 수 없다는 증거를 강조했다. 월스트리트저널 계산에 따르면 O. J. 심슨 재판에 지출되는 금액이 그라나다 전체의 GDP와 맞먹는다. 그것이 진보인가? 또한 미국에서는 해마다 11만여 건의 지방제거 수술이 시행된다. 그 하나하나가 2,000달러씩을 성장률 통계에 보태고 있다.

해법으로 떠오른 것이 ISEW(Index of Sustainable Economic Welfare : 지속 가능한 경제복지지수)다. 그들은 GDP나 그와 반대로 움직이는 것들을 같은 그래프 위에 올려놓았다.

ISEW가 보여준 바에 따르면 GDP가 가차없이 솟구쳐 오르는 동안 '지속가능한

복지'는 1970년대 방향을 틀어 내리막길로 접어들었다. 영국의 ISEW도 유사한 하락곡선을 보여줬다.

달리 말해 돈의 한계를 무시하면 우리는 더욱 가난해진다. 우리는 부(wealth)의 정반대, 존 러스킨이 이름붙인 병(illth) 때문에 괴로워하게 된다.

ISWE는 진보를 보다 의미있는 방법으로 측정하자는 전세계적 운동을 일으켰다. 도시마다 서로 다른 판단의 척도들을 사용하기 시작했다. 시애틀은 지방 실개천의 연어 숫자, 지방 도서관의 대출도서 권수, 맥도날드와 채식 레스토랑의 비율 등을 사용했다. 그런 지표들은 시애틀이 미래를 계획하는 데 중심적 가치가 됐다.

영국에서도 비슷한 일들이 일어나고 있다. 지방 관청들이 숨 쉬는 검독수리 수(스트래스클라이드 주), 천식률(리즈 시), 소상점의 판매량(웨스트 데번), 백조 수(노리치) 등을 측정하려 하고 있다. 이런 대안적 지표는 그것 하나만으론 충분치 않지만 돈의 협소한 정의를 견제하고 상쇄하는 데는 중요한 역할을 한다. 어느 하나도 '부'의 모든 측면을 다 보여줄 순 없겠지만 적어도 논쟁을 확산시킬 순 있다.

이런 지역적 측정척도들은 대단히 영향력 있는 유엔 인간개발지수와도 긴밀히 연계된다. 영국은 지금도 지속가능한 개발에 대한 목표수치를 갖고 있다.

다음 단계는? 재무장관이 해마다 이런 것들을 국회에 보고하도록 해야 한다. 영국 정부는 현재 100개 이상의 성공지표를 갖고 있지만 그 가운데 어떤 것들은 가치가 의심스럽다. 브라운필드 지역(과거에는 각종 건물이 들어섰으나 현재는 사용되지 않는 지역)의 빌딩 숫자를 조사하는 것은 도시에 그나마 남아 있는 야생생물 번식지역을 쓸어버리는 일과 같다. 지표들은 정부 안에서의 지위도 낮아 재무장관이 발표하는 일이라곤 거의 없다. 하지만 곧 변화가 찾아올지도 모른다.

> **GDP로 잴 수 없는 한 가지 :**
> 미국은 지난 세기 동안 표토(表土)의 절반가량을 상실했다.

알렉스 맥길리브레이, 캔디 웨스턴, 캐서린 언스워스
『지역사회가 산출한다! 지역 지속 가능성 지표에 대한 단계적 가이드』

중요한 것 측정하기 2

사회감사

> 비즈니스는 이윤이 나야 하며 그렇지 못하면 도태된다. 하지만 모든 비즈니스가 오로지 이윤만 추구한다면…… 그 역시 도태될 것이다. 더 이상 존재할 이유가 없기 때문이다.
> -헨리 포드

1621년 네덜란드 서인도회사 헌장에는 자연보호, 치안, 사법에 대한 책임이 규정돼 있었다. 당시만 해도 경제적 파워가 있는 이들에겐 도덕적 책임이 기대됐다. 지난 몇 세기 동안 거대 비즈니스 철학은 이 중요한 진실을 잊어버렸고 그 결과는 황폐화된 환경, 건강이 악화된 어린이들, 타락한 삶으로 나타나고 있다.

이런 무분별한 상황에 대한 해법이 어느 때보다 시급해졌다. 세계 최대 규모의 회사들은 지구촌 활동의 28%를 점하면서 세계 인구의 0.28%에게만 피고용인으로 돈을 지불하고 있기 때문이다. 경제활동에 대한 독점이 심해질수록 그 영향권에서 벗어나 스스로를 지키기란 더욱 어려워진다.

'사회감사'는 지난 사반세기 동안 회사의 성공을 측정하는 또 다른 방법으로 떠올랐다. 이는 주주가치를 넘어서 기타 다른 광범위한 '이해당사자' - 종업원과 그 가족부터 법률제정자, 공급회사, 이웃, 고

객, 환경에 이르기까지-들에게 회사가 미치는 영향을 측정하도록 요구하고 있다.

모든 기업이 소위 경제성, 환경성, 사회성 등 '3대축(three bottom line)'을 가져야 한다고 한 것은 1988년의 베스트셀러 『초록 소비자 가이드』(p262 참조)의 공동저자인 존 엘킹튼의 생각이었다. 아무도 믿지 않기에 회사의 모든 숫자를 자기 머릿속에 집어넣곤 했던 미국의 '벼락부자' 자본가 코르넬리우스 반더빌트의 시대에서 아주 멀리 떨어져온 셈이다.

기업을 불신하는 1990년대의 풍조 속에 사회감사는 뜻밖에 대중적이 됐다. 새로운 사회감사 컨설팅 업체 한 곳은 하루에 50개씩 조사보고서를 발표했다. 곧 사회감사 보고서나 「셸 가치 리포트」처럼 감사보고서는 아니지만 사회적인 것을 지향하는 보고서들이 언론에 쏟아져 나왔다. 번드르르한 그림과 높은 목표로 가득 찬 것이었다. 셸 가치 리포트는 이렇게 밝혔다. "거울 속에서 우리가 본 것을 인정하지도 좋아하지도 않는다. 우리는 그걸 바로잡기 시작하려고 한다."

이 말을 믿어야 할까? 아직은 아니다. 사회감사는 주류가 되기엔 아직 갈 길이 멀다.

'그린 워시(환경친화적인 양 가장하는 일)'가 너무 많다 : 어떤 사회보고서는 겉만 번지르르한 자기 PR이다. 환경적으로 지속 가능하지 못한 회사의 다른 모든 기본적 속성을 감추기 위한 것이다.

숫자가 너무 많다 : 사회감사는 최고경영진으로부터 감사부서의 대형 컴퓨

터로 도덕적 책임을 떠넘기려는 경향이 있다. 결국 정말 중요한 게 뭔지 측정하지 못하게 될 것이다.

너무 모호하다 : 사회감사 보고서들이 저마다 다른 잣대를 사용하고 있다. 폭넓은 관심을 끌기 위해서는 보다 단순해지고 표준화돼야 한다.

적절치 못하다 : 기업의 사회적 책임이란 마지못해 하는 일로 남아 있다. 회사에 대한 기본적 통제가 주가나 금융시장에서 이뤄지기 때문이다. '리바이스'나 '보디 숍' 처럼 보다 도덕적이고자 하는 기업은 투자자나 딜러들이 거세게 응징할 것이다.

할 수 있는 일은 : 세계화는 적어도 기업경영에 '투명성'을 가져다주었다. 법률제안의 토대가 될 수 있을 만큼 더욱 엄격한 보고서를 요구하는 압력이 높아지고 있다.

존 엘킹턴
『포크를 든 식인종 : 21세기 경영의 3대축』

다른 종류의 자본

돈밖에 없는 게 아니다

종업원들이 아무도
배변훈련을 받지 못했다면
실질가치로 따져
얼마나 많은 돈이 추가로 들까?
-앨빈 토플러,
『미 고위 경영진에 대한 질의』

만약 떠받치는 구조가 빈약해 보이기 시작하면 머니 시스템도 활동을 멈춰버릴 것이다. 과거의 경제학에서는 토지, 노동, 제조 자본—공장, 기계, 도구, 주택을 포괄하는—을 생산의 3요소로 보았다. 하지만 폴 에킨스 같은 환경주의 경제학자들은 이를 실질적 부를 지탱해줄 '네 기둥 모델'로 교체했다.

제조 자본: 우리가 살고 있는 건물과 사회간접자본의 중요성. 기차가 계속 망가진다면 경제가 제대로 작동할 수 없다.

환경 자본: 돈이 아무리 많아도 숨을 쉴 수 없거나 지구상에 살아남은 유일한 종이 된다면 우리는 뼈에 사무치게 가난한 셈이다.

지식 자본: 아이디어와 노하우의 절대적 중요성. 만약 회사에서 직원을 잘 대우해주지 않으면 그들의 지식이 회사에서 빠져나가 경쟁자를 위해 쓰일지도 모른다.

사회적 자본: 우리가 해야 할 모든 일이

얼마나 공동체라는 관점에 기초한 것인지 갈수록 분명해지고 있다. 보다 큰 공동체의 협조 없이 의사는 환자를 치유할 수 없고, 경찰은 범인을 잡을 수 없다. 공동체가 제대로 작동하지 않으면 기업 이윤도 증발하고 만다. 1997년 시카고에서 나온 대규모 연구결과에 따르면 특정지역의 범죄율은 수입이나 실업률과는 아무 관련이 없다. 이는 사람들이 싸돌아다니는 어린아이나 10대를 봤을 때 개입해도 안전하다고 느낄 수 있느냐 없느냐와 더 관련이 깊은 문제였다.

간략하게 말해 현대사회 돈의 문제점은 사람과 환경을 무시한다는 것이다. 경제활동의 부산물로서 이것의 파괴적 영향은 좋은 말로 '외부효과'라고 알려져 있다. 다양한 소상점들은 사회적 자본 성장의 토양이 된다. 대형 슈퍼마켓은 바로 이를 몰아내고 있다.

도시계획가인 제인 제이콥스는 40여 년 전 뉴욕 고향의 풍경을 이렇게 썼다. "지난 겨울 어느 평범한 아침이었다. 버니 자프와 그의 아내 앤은 아이들이 학교 가는 길에 모퉁이에서 길 건너는 것을 감독하고 있었다. 한 고객에겐 우산을, 다른 고객에겐 1달러를 빌려주었다. 멀리 가는 사람의 짐도 맡아주었다. 담배를 달라는 소년 두 명에게 훈계를 늘어놓았다. 길을 알려주고 길 건너 수리공에게 맡길 시계를 보관해줬다. 아파트를 찾는 이들에게 자기 동네 임대료 시세에 대한 정보를 주고 가사의 어려움에 대한 얘기를 들어주고 기운 내라고 격려해줬다. 몇몇 난봉꾼에게 제대로 행동하지 않으면 가게에 들어설 수 없다고 말하고 제대로 된 행동의 정의와 표본을 보여줬다. 남은 물건을 찾아 들른 고객들이 대화할 수 있도록 토론의 장을 마련해줬다. 정기적으로 찾아오는 고객을 위해 새로 도착한 신문이나 잡지를 챙겨뒀다. 생일 선물을 사러 온 아이 엄마에게 그 생일 파티에 가는 다른 아이가 배 모형 세트를 이미 사갔으니 그건 사지 말라고 조언해준다. 그리고 (나를 위해) 배달부가 들렀을 때 그가 가진 남은 물건 가운데 전날의 신문을 챙겨둔다."

이게 사회적 자본이다. 이런 믿음을 만들어내는 제도들이 우리를 지탱하게 해준다. 이것 없이 돈은 제 기능을 할 수 없다.

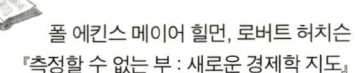
폴 에킨스 메이어 힐먼, 로버트 허치슨
『측정할 수 없는 부 : 새로운 경제학 지도』

환경세
나쁜 것에 세금 매기기

"이것은 세금만큼 진실하다."
미스터 바키스는 말했다.
"그리고 이보다
더 정직한 것은 없다."
-찰스 디킨스, 『데이비드 코퍼필드』

피륙처럼 짜인 이 세상에 가해지는 소위 '외부효과'라고 불리는 피해. 대부분의 경제활동에 부수되는 듯한 그것을 어떻게 해야 할까? 그 가운데 일부는 불법화할 수 있지만 어떤 것들은 그렇게 할 수 없다. 이럴 때 그것에 세금을 부과할 수 있다. 동시에 일자리나 부가가치 등 좋은 쪽에 부과돼온 세금을 그만큼 줄여주는 것이다. 소위 오염자 부담의 원칙인 셈이다.

느림보 영국 정부조차 휘발유에 대해, 쓰레기 매립에 대해, 런던의 교통 혼잡에 대해 성공적으로 세금을 매겨왔다. 하지만 이 문제를 효율적으로 처리하려면 그 피해가 어느 정도인지를 알고 있어야 한다. 꼼꼼히 잘 알아야 한다는 것이 아니라 정치적인 이유 때문에 손 안에 몇몇 사실을 쥐고 있어야 한다는 것이다.

영국에서 자동차와 휘발유 세금은 260억 파운드까지 이르렀지만-대중적 의견과는 반대로-이는 교통체증이 빚어내는 실질 피해를 커버하기엔 어림도 없다. 환경 경제학자 데이비드 피어스에 의하면 치안, 건강 효과, 교통사고 사상자에 대한 비용, 대기 중 이산화탄소 증가로 인한 온실효과까지 감안하면 그 비용은 거의 530억 파운드에 이른다. 다른 말로 하면 우리 모두가 운전자들에게 보조금을 주고 있는 셈이다.

다른 세금들처럼 환경세도 인기가 없다. 하지만 모두 그 취지는 이해한다. 또한-좋은 의미의 정치적 이유에서-다른 세금을 감축하는 쪽이 훨씬 분별 있는 방법이다. 하지만 환경세에도 역시 다른 문제점이 있다. 이는 자금을 모으는 동시에 오염도 감소시키기 위해 만들어진 것이기에 그 효과를 완벽하게 예측해낼 수 없다. 자가용 운전을 줄이고 담배를 끊도록 사람들을 설득하는 데 효과를 볼수록 세금은 덜 걷히게 된다. 런던 혼잡통행료 징수에서 이미 일어난 일이다. 하지만 세금이 한데 묶이면 예측하기가 한결 쉬워진다. 미래의 세금은 이런 것들을 포함하게 될 것이다.

토지: 토지세-집터의 가치에 따라 부과되는-는 토지의 낭비를 줄여줄 것이다(영국에서는 1915년과 1931년 두 번이나 법제화 직전까지 갔다). 이젠 영국에서만 한 해 500억 파운드씩 토지세를 걷어들일 수 있다. 비록 개발을 촉진하는 효과 때문에 도시의 녹지를 줄이는 방향으로 작용하긴 하겠지만.

쓰레기: 정부의 쓰레기 매립세는 유럽연합의 지지를 받고 있다. 쓰레기 투기를 줄이겠다는 목적을 잊는다면 영국은 50만 파운드의 벌금을 물게 될 것이다.

내구재: 새로운 법령에 따라 제조업체들이 제품 리사이클링을 위해 돈을

내라는 압력을 받을 것이기에 유럽 전역에 걸쳐 토스터, 빨래를 건조시켜주는 텀블 드라이어, 심지어는 부엌 주전자도 더 비싸질 것이다. 현재 영국에서는 해마다 500만 대의 완전히 멀쩡한 컴퓨터들이 쓰레기 매립지에 버려지고 있다.

플라스틱 봉투 : 최근 아일랜드에서 물건을 담아가는 비닐 봉투에 10펜스씩 세금을 붙이자 이용률이 90% 이상 줄었다.

에너지 : 소위 '유니텍스(unitax)'*라는 것이 가장 효율적이고 회피하기 어려운 조세라는 제안이 있었다. 하지만 아직 도입될 징후가 보이지 않는다.

교외 주차 : 교외의 대형 백화점들은 무료 주차가 가능하다는 점에서 중심가보다 우위에 있었다. 각각의 주차공간에 세금을 부과하면 양쪽이 동등해져 균형이 맞을 것이다(영국 대형 백화점들은 최근 이런 세금이 제안되자 격렬한 반대 논쟁에 나섰다).

투기적 통화 : 노벨 경제학상을 수상한 제임스 토빈은 투기적 통화 흐름에 대해 0.05%씩을 징수하는 것만이 유엔이 꿈꾸는 지속가능한 개발을 가능하게 해줄 재원 마련의 유일한 길이라고 제안했다.

---

*에너지에 붙는 모든 것을 판매시점에 세금으로 대체하는 단일한 세금

데이비드 피어스 & 에드워드 B.바비어
『지속 가능한 경제를 위한 청사진』

비용-편익 분석

모든 것의 가격 알기

"모든 것의 가격은 알되
가치는 하나도 모르는 남자"
-냉소주의자에 대한
오스카 와일드의 정의

돈이 환경 또는 건강에 미치는 부수효과에 대한 비용 또는 편익을 측정하는 것은 우리가 지구를 얼마나 훼손하고 있는지 타인에게 설득하기 위해 매우 긴요한 일이다. 항공기 연료에 세금을 부과하는 것(현재는 면세되고 있는)이 좋은 생각이라고 사람들을 설득하려면 비행의 실질비용을 계산해낼 필요가 있다. 오염, 콘크리트, 거리교통, 온실효과 등등.

하지만 환경이나 건강의 가격을 계산해내는 데는 문제가 있다. 비용-편익 분석은 프랑스 철도청 기술자들이 새 노선의 티켓 값을 얼마로 책정해야 할지 결정하기 위한 방법으로 처음 시도했다. 이후 미 육군 공병단이 댐 건설 결정에서 정치적인 결론을 끄집어내기 위해 도입하면서 더욱 정교화됐다. 어쨌건 이는 의사결정이 구태의연한 토론에 의존하지 않고 기술관료들의 손에서 과학적으로 이뤄질 수 있다는 현대적 환상의 일부가 됐다.

최대 규모의 비용-편익 분석은 지난

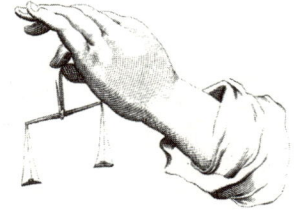

1960년대 후반 런던 제3공항을 어디다 세울지 결정하는 과정에서 이뤄졌다. 비판적인 사람들은 그런 계산을 정말 진지하게 받아들인다면 공항을 하이드 파크에 세우는 게 가장 싸게 먹힐 테지만 그땐 웨스트민스터 대성당을 헐어야 한다고 말했다(한 은퇴한 공군 중장은 「데일리 텔레그래프」지에 본인이 하이드 파크 안(案)을 몇 년간 주장해왔다는 편지를 쓰기도 했다).

경제학자들은 이 과정에서 커블링턴의 중세교회가 헐린다면 그 가치는 5만 1,000파운드가 될 것이라고 추산했다.

현대적인 비용-편익 분석은 예를 들어 고래나 그랜드 캐니언 등을 보호하기 위해 사람들이 지불할 용의가 있는 금액을 가치 측정에 사용한다. 이런 아이디어는 국제 협상에 일정한 토대를 놓기 위한 것이지만 경제학자들이 이런 가격을 진짜로 믿어버릴 수 있다는 위험이 있다. 종(種), 생명, 아름다움 같은 것들은 가격을 매길 수 없는데도 말이다.

아직도 경제학자들은 모든 코끼리의 가치가 1억 달러에 달한다느니, 그랜드 캐니언이 한 사람당 다달이 4.43달러에 달하는 가치를 지니고 있다느니, 미국인들의 생명이 중국인들의 그것보다 15배나 더 가치가 있다느니 하는 숫자놀음을 하고 있다. 이런 가격들이 정치적 협상과정에서 새어나와 사람들의 대차대조표 속으로 서서히 스며든다는 데 위험성이 있다.

세계의 경제학은 이미 알바니아 고아의 가치를 4,000파운드로, 센트럴 런던에 위치한 합리적 규모의 집 한 채 가격을 100만 파운드 이상으로 계산해놓고 있다. 그럼 사람들은 그런 것을 진짜로 믿는다.

또한 우리는 지불하려는 사람들의 의사를 측정할 수 없다. 대머리독수리,

딱따구리, 코요테, 연어, 야생 칠면조 등을 보존하기 위해 얼마를 부담할 수 있겠느냐는 질문을 받으면 4분의 1가량이 대답을 거절한다. 그런 것들엔 가격을 매길 수 없다는 이유에서다. 물론 그럴 수 없다. 프라우 크라우스라는 프랑크푸르트의 한 여성은 1989년 바로 자기 집 옆에 지어질 고층 건물을 거부할 권리가 있다는 것을 알아내곤 아예 밀고 당기는 게임 자체를 거부했다. 그녀는 100만 마르크를 주겠다는 제안을 거절했고 이어 1,000만 마르크도 거절했다. 그녀는 "사람들이 2,000만 마르크를 제안해와도 내 마음은 바뀌지 않을 것"이라고 한 신문에다 말했다. "우리 집 햇빛을 가리고 내가 나고 자란 곳을 훼손할 것"이라는 이유에서였.

실질적으로 비용-편익 분석은 근래엔 의사결정을 위해 잘 쓰이지 않는다. 하지만 환경의 지속가능성을 고려하지 않는 정책이 치러야 할 '진정한' 대가를 드러내는 데는 아주 유용한 도구이다.

데이비드 피어스
『청사진3 : 지속 가능한 개발의 가치 측정하기』

기업 보조금
부자들을 위한 복지정책

기업 보조금이 정도를 벗어나면서 연간 총액은 5개 선두국가의 국민경제 규모를 제외한 모두를 합산한 것보다 크고, 상위 12개 회사의 연간 판매금액보다 크며 연간 전세계 군사적 지출의 두 배에 달한다.

-노먼 마이어, 2000년
『로열 소사이어티 오브 아츠』
강의에서

환경세는 올바른 방향의 세금이다. 하지만 이는 보조금 지급을 통해 인류와 지구를 해치는 데 쓰이는 세금에 비하면 새 발의 피다. 지도자들이 지속가능한 환경 개발을 위해 노력한다고 주장하는 동안 경제 시스템은 정반대로 가고 있다. 지구에 끔찍한 해를 입히는 데 쓰이는 이런 비용을 누가 대고 있는가? 우리 모두다. 결과적으로 숨겨진 보건 및 환경 비용이 있는 셈이며 우리는 이것 역시 내야 한다. 또한 때때로 교통량 증가에 따라 발생하는 의료비용처럼 적절히 걷히지 못하는 비용도 있다.

미래 세대를 위한 실질 비용은 종종 계산해내는 게 불가능하다. 도로 건설로 인한 교통량 증가나 항공로 개설, 항공연료에 대한 세제(稅制)상의 우대를 통한 항공수요 증가 등의 미래 효과가 그렇듯. 핵연료에 보조금을 주는 일의 장기 효과 또한 그렇듯. 디즈니 만화, 맥도날드, 압박 마케팅 등이 어린이들에게 미치는 장기 효과가 그렇듯.

예를 들어 540억 파운드에 달하는 영국의 건강 청구서 가운데 얼마 정도가 영국 정부가 도로교통에 들이는 55억 파운드의 한 해 예산과 직접 관련이 있을까? 우린 모른다. 하지만 로빈 메이너드 교수는 런던의 심장병 50건 가운데 한 건 꼴로 교통공해와 직접 관련이 있다고 말했다.

'군수물자 교역에 반대하는 캠페인' 측은 납세자가 낸 돈 가운데 15억 파운드 정도가 군수물자 교역 보조금으로 지급되고 있다고 말했다. 여기에는 국방부 수출서비스기구에 대한 것은 물론 수출신용보증제도를 통한 군 수출 보조금 등이 포함돼 있다.

다음으로는 음식이 있다. 줄스 프리티 교수에 따르면 농업에서의 외부효과는 먹는 음식에 세 차례나 중복해 돈을 내는 것을 의미한다. 한번은 가게에서, 또 한 번은 보조금을 지급하기 위한 세금으로, 마지막 한 번은 쓰레기를 치우기 위한 세금으로. 이런 상황이 도처에서 갈수록 악화되고 있다.

살충제: 공동농업정책 아래 EU의 납세자들이 내는 보조금은 해마다 영국에서 쓰이는 2,200만 킬로그램의 살충제를 구입하는 데 바로 들어간다. 거대 식량 복합기업은 도로 운반 도중 발생할 수 있는 피해의 전액을 부담하지 않기에 보조금을 받는 셈이다.

에너지: 서유럽 정부는 90억 달러의 거금을 들여 에너지 생산에 보조금을 지급하고 있다. 화석연료에 68%, 핵연료에 28%를 쏟아붓지만 재생에너지에는 고작 9%만 돌아온다(재생에너지 관련 보조금엔 화장로(火葬爐)에 대한

지원금도 포함되는데 이 사업은 현재 지방정부의 강력한 압력을 받고 있는 중이어서 리사이클링이 제대로 일어나질 않고 있다).

화석연료 : 독일은 광산업 보조금으로 광부 한 사람당 한 해 1만 1,000파운드 정도씩을 지급하고 있다. 급료를 전액 지급해 모든 광부들을 집으로 돌려보내는 편이 훨씬 효율적일 것이다. 온실가스 발생이 감소할 터이기 때문이다.

어업 : 해양 어업에는 한 해 660억 파운드 이상의 비용이 든다. 그런데 생선 값은 480억 파운드밖에 안 된다. 전세계적인 초과비용을 정부가 메워주고 있다. 하지만 이런 지원으로 상업적 어업은 이제 거의 자취를 감췄다.

기업 보조금은 전세계적으로 총 1조 2,000억 파운드 정도다. 반면 전세계 국민경제 가치는 18조 파운드에 불과하다. 주로 농업, 화석연료, 핵연료, 도로교통, 물과 어업 등에 보조금이 집중되고 있다. 브뤼셀 한 군데만 4만여 명의 로비스트들이 상주하며 기업들에 이런 보조금 지급이 계속될 수 있도록 압력을 가하고 있다.

> 세계은행은 교통수단 건설을 지원한다 :
> 도로 교통 : 98%, 철도 교통: 2%

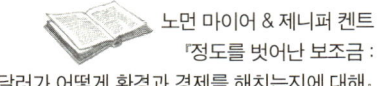

노먼 마이어 & 제니퍼 켄트
『정도를 벗어난 보조금 :
잘못 사용된 세금 몇 달러가 어떻게 환경과 경제를 해치는지에 대해』

4장
부채(負債)

화폐는 다 어디로 갔을까? 세계 금융 시스템에는 대격동을 일으킬 만큼 충분히 공급되는 듯하지만 소규모 상점, 건강음식, 지방 버스, 지역 경찰 등 인생에서 정말 필요한 것들에는 충분치 못한 것 같다. 왜 그럴까? 부채와 관련된 문제 때문일 것이다.

화폐에 숨겨진 흠집

이자 때문에 생기는 말썽

이자라는 이 괴물이
아직 인간성을 통째로
삼켜버리지 않았다니 놀라운 일이다.
파산과 혁명이 해독제 노릇을
해오지 않았더라면
오래전에 그렇게 됐을 것이다.
-나폴레옹 보나파르트

현대의 화폐엔 기적적인 면이 있다. 스스로 증식한다는 점이다.

올바르게만 활용한다면 확실히 복리 이자에는 기적 같은 측면이 있다. 연금제도가 이 때문에 가능해진다. 빈민구제소가 더 이상 필요하지 않게 된다. 그리고 주택조합에서 서서히 증식하는 돈을 바라보며 가슴이 따뜻해지기도 한다.

하지만 우리가 빚을 지고 있다면 이자라는 것이 그렇게 편안한 게 못 된다. 제3세계 국가들처럼 부채 청구서를 쳐다볼 때마다 금액이 커져 있는 것이다. 이자는 돈 있는 사람들에겐 멋진 것이지만 없는 자들에겐 부담이다. 그 단 한 가지의 이유로 이자를 수상쩍게 여겨야 한다.

돈이 돈을 만들어내는 것은 자연스럽지 못하다. 고대 이집트인들의 화폐 시스템은 정반대였다. 그들은 곡식을 헛간에 넣어두곤 그 금액만큼 산(算)가지와 교환, 이를 화폐로 사용했다. 이 시스템 아래선 우리 시스템에서와 달리 저금의 가치가 증가하지 않는다. 오히려 정반대다.—쥐가 갉아먹어버리거나 곰팡이가 피거나 해 시간이 지날수록 가치가 떨어질 것이다. 아무도 산가지의 시대로 되돌아가자고 제안하진 않겠지만 화폐가 실물에 근거했을 때는 일이 그런 방향으로 전개된다는 얘기다(p212 참조).

기독교와 유대교가 몇 세기 전 합리적인 이자율을 허용하긴 했지만 주요 종교들은 대부분 '고리대금업'을 비난한다. 특히 이슬람교는 아직도 최초의 해석에 그대로 매달려 있다. 여기에는 그럴 만한 이유가 있다. 독일 건축가 마르그리트 케네디에 따르면 그리스도 시대 당시의 평균 이자율로 1페니를 투자했다면 그게 현재는 황금공 9,000개 정도의 가치로 불어나 있게 된다는 것이다. 이는 거의 지구 무게와 비슷한 수준이다. "경제적 필요성과 수학적 불가능성이 모순을 일으킨다. 그녀는 이에 따라 셀 수 없는 불화, 전쟁, 혁명 등이 일어났다"고 썼다. 이자를 부과하는 데 따른 위험이다.

유통되는 화폐 대부분이 은행대출로 창출되기 때문에(p27 참조) 우리 주머니에 있는 지폐와 동전을 빼고 거의 대부분의 화폐를 미래의 어느 시점에 이자를 덧붙여 상환해야 한다는 부담을 지게 된다. 자연적으로는 그렇지 않다. 그토록 빠르게 증식하지 않는다.

환경 경제학자 폴 에킨스는 "여기엔 성장이란 좋은 것이며 다다익선이란 가설이 깔려 있다"면서 "경제학자들은 암에 대해 들어본 적도 없는 것 같다"고 꼬집었다. 왜 현대 경제학자들은 국가며 기업이 광적인 속도로 성장해야 한다는 생각을 고집할까? 아마도 이자가 범인일 것이다. 채무에 대한 이자를 감당할 만큼은 성장해야 하는 것이다. 기업가들이 강압적인 마케팅을 동원해 소비자의 '욕구'를 창출하려는 것도 그 때문이다. 세계는 더 이상 정체돼 있으면 안 되는 것이다.

이상한 것은 가장 빨리 성장하는 금융 서비스 분야의 하나가 이슬람교 원칙에 토대를 두고 있어 이자를 받지 않는 금융기관이라는 점이다. 현재 중동지방에만 200군데 이상의 이슬람 금융기관이 있고 극동에는 더 많으며 이들의 자산만 2,000억 달러 정도다. HSBC나 시티은행조차 페르시아 만에 이슬람 영업점을 열었으며 HSBC는 뉴욕에서 이슬람교도들을 대상으로 모기지(주택담보대출)를 시행하고 있다. 이슬람 은행들은 대출해줄 때 이자를 받지 않는 대신 부분적 소유권을 행사한다. 따라서 이슬람 은행에 투자된 자금은 계속 '움직이고' 있다. 취약한 기업에 투자했다면 은행이 돈을 잃고 말 것이기 때문이다.

스칸디나비아의 무이자 은행 JAK의 성공도 똑같은 것을 암시한다. 무이자 자금이 미래의 흐름이 될 수도 있으리라는 점이다.

> 브리스톨의 '트라이오도스 은행'은 윤리적인 곳에만 대출해주며 저축 고객에겐 저율 이자만 지급한다. 그런데도 붐을 이루고 있다.

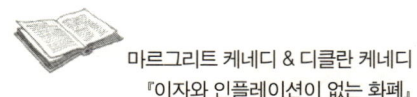

마르그리트 케네디 & 디클란 케네디
『이자와 인플레이션이 없는 화폐』

모기지
죽음의 덜미잡이

소비자들은 돈의 회전목마에
함께 올라타 거액을 대출받고
소비를 통해 경제를 떠받침으로써
중앙은행 관계자들이나
경제학자들을 기쁘게 해준다.
하지만 음악이 멎고 나면
이 소비자들은
어마어마한 부채를 진 채
심한 상처를 받고 말 것이다.
- 앤 프티포, 『실질 세계경제 개관』

노예제는 어디서든 발견할 수 있다.
이는 모든 토양에서 자라는 잡초다.
- 에드먼드 버크, 1775년

디너 파티에선 온통 집값 얘기밖에 없다고 불평하는 사람들은 부동산업자의 쇼윈도에 바짝 붙어 서서 주택 가격이 오르고 내리는 것에 일희일비하는 게 사소한 일이라고 생각하는 셈이다. 어떤 의미론 물론 그렇다. 하지만 또 다른 의미에선 집값과 이를 규정하는 모기지론은 우리가 생각하는 것보다 훨씬 중요하다. 다음의 몇 가지 이유에서 그렇다.

실질 가치에 근거하고 있지 않다 : 1970년대 평균 5,000파운드에서 오늘날 12만 파운드 가까이 치솟은 영국 집값의 이상 급등은 한 세대에서 다음 세대로 대규모로 가치를 이전해주었다. 숱한 보통 사람들이 단순히 부모 집을 팔아 백만장자가 됐다. 하지만 주택이 다른 대출의 담보로 쓰일 때는 주의해야 한다. 집 값은 실질 가치가 아니기 때문이다. 작은 우리 집이 이를 재건축할 때 실제로 들어갈 비용보다 훨씬 더 비쌀 수 있는 것이다.

집값을 끌어올리는 요인으로 작용한다 : 집값은 수요와 공급에 따라 오른다고 한다. 투자 목적으로 런던 주택을 구매하는 일이 급증하는 지금, 이는 부분적으로 진실이다. 하지만 집값을 끌어올리는 실질 공급 요인은 화폐다. 주택담보대출을 받은 이들이 지불하려는 만큼의 화폐량이다. 도쿄의 집값은 1980년대 열 배로 뛰어올랐다. 지금 빌린 돈을 2세대 이후에 갚게 하는 '조부모 모기지론'이 나왔기 때문이다.

우리가 알고 있는 것보다 훨씬 더 모기지론이 필요하다 : 영국에서 유통되는 화폐의 3분의 2가량이 모기지론으로 창출됐다. 적어도 현재 상황에서 집값이 높은 수준을 유지하지 않는다면 화폐는 씨가 말라버릴 것이다.

결코 상환될 수 없다 : 개인적으로 모기지론을 상환할 수는 있겠지만 공동체 전체로는 결코 그렇게 될 수 없다. 부분적으로는 국가 차원에서 일정한 통화 유통이 필요하기 때문이고 부분적으로는 이를 상환할 만큼 통화가 충분치 않기 때문이다. 영국에서 부채는 8,000억 파운드에 달하는데 통화량은 고작 7,000억 파운드에 그친다.

모기지란 말뜻은 '죽음의 덜미잡이' 또는 '죽음의 약속'이다. 자산을 담보로 잡히는 것은 돈을 끌어모으는 최후의 수단이 되곤 했다. 주택소유제도가 확산되고 쓸 만한 연립주택이 아직 많이 남아 있었던 1930년대만 해도 대부분의 모기지론은 15년짜리였고 이를 갚기 위해 다달이 봉급의 10% 안짝씩만 지불하면 됐다. 당시의 모기지론은 또한 일반적으로 조기 상환되곤 했다.

오늘날엔 모기지론이 수입의 30% 이상씩을 가져가버린다. 두 사람이 함께 벌어 갚아나가야 첫 집을 살 수 있을까말까다. 영국 주택 재고의 37%가 모기지론을 끼고 있으며 주택마련 사다리의 맨 아래칸을 올라서기가 갈수록 어려워지고 있다.

오래전에 지어 값을 다 치른 집의 소유권이 시간이 갈수록 야금야금 줄어든다는 것은 이상한 역설이다. 어째서 모기지 대출기관이 영국 주택재고 중 3분 1의 소유권을 쥐고 있어야 하는가. 금융기관이 모기지론을 더 많이 팔면 팔수록 그들은 지속적으로 집값의 나선형 상승만을 부추길 뿐이며 이런 자기 패배적 악순환은 언제까지나 계속될 수 없다.

> **모기지론의 상승**
> 1930년 연봉의 2배 및 연소득의 8%
> 2000년 연봉의 4배 및 연소득의 20%

마이클 로보섬
『죽음의 덜미잡이 : 현대 화폐의 연구, 채무 노예와 파괴적 경제』

부채 1
지구를 짓누르는 것

유통 화폐의 대부분이 대출로 창출됐다는 것은 우리가 끔찍한 부채의 무게 때문에 신음할 수밖에 없다는 얘기다. 이는 개인, 회사, 국가 할 것 없이 모두에게 진실이다.

적대적 인수합병에서 스스로를 방어하려면 회사는 부채투성이가 돼 있어야만 한다. 조금이라도 차입의 여력이 남아 있으면 기업사냥꾼이 그 틈을 이용, 정크본드를 발행해 회사를 집어삼켜버릴 수 있기 때문이다(p191 참조). 부채를 잔뜩 지고 나면 그 이자를 갚기 위해 어쩔 수 없이 보다 야심 찬 확장 계획으로 등을 떠밀릴 수밖에 없다. 일본 은행 한 곳의 장부에 기입된 부실채권만 8,000억 달러 규모가 넘는다. 이는 비단 일본 경제 체계뿐만 아니라 다른 국가 경제까지 붕괴시킬 위협이 되고 있다.

기업들이 그토록 취약할 수밖에 없는—50년 전 포춘 500대 기업 리스트에 올랐던 이름 가운데 오직 3개 사만이 지금까지 살

아남아 있을 정도로—이유 중 한 가지가 이런 채무부담이다.

다 채워지지 않은 개인의 대출 한도는 극심한 마케팅 압력의 대상이 된다. 미국에서 신용카드 회사들은 우편으로 5,000달러짜리 수표를 보내며 마케팅을 하기도 한다. 미국인들은 신용도와 무관하게 보통 32군데의 크레딧 카드에서 가입 권유를 받는다. 계좌를 열고 돈을 쓰기 위해선 그저 자기 이름만 써넣으면 된다. 한 평론가의 말대로 '배고픈 토끼에게 양상추를 주는' 격이 되는 것이다.

신용도가 너무 나빠 은행에서 돈을 빌리기 어려운 이들에게는 고리대금업과 대부업 창구가 있다. 이들은 때로 5,000%가 넘는 경악할 만한 연이자율(p 34 참조)로 대출을 권유한다. 영국 신용카드의 4%가 5,000파운드 이상씩을 연체하고 있다는 것은 놀랄 만한 일도 아니다. 최저 원금만 갚는 데도 줄잡아 10년은 걸리고 이자상환에 다시 그만큼이 걸릴 것이다.

미국 소비자들의 부채 총액이 사상 최고치인 1조 달러를 넘어섰고 그 가운데 신용카드 대출 규모만 대략 4,000억 달러에 이르고 있다.

하지만 가장 두려운 것은 개발도상국 사람들의 삶을 갈수록 빈곤하게 하는 부채의 무게다. 그 부채는 서구 은행이 악명 높은 군사정권에 빌려줬던 것으로 그후 군정은 차츰 사라져갔지만 1조 7,000억 달러가량이 아직 상환되지 않고 남아 있다. 그 가운데 4,000억 달러를 제외하곤 모두 이자다. 가파른 복리이율의 결과다. 사하라 사막 이남의 아프리카 국가들은 해마다 부채를 갚느라 100억 달러씩을 지불하고 있다. 이 지역 국가들이 보건과 교육에 쓰는 돈보다 4배나 많은 금액이다.

이 금액은 모두 그들의 통화가 아닌 파운드나 달러로 상환해야 한다. 이를 위해서는 숲이나 한계토지를 커피 등 수출용 환금성 작물 재배를 위해 돌리는 방법밖에 없다. 이런 환금성 작물의 가치는 한 세대에 걸쳐 하락을 계속했다. 하지만 더 나쁜 일도 있다.

- 부유한 북부 국가들에서 가난한 남부로 흐르는 얼마 되지 않는 구호자금이 빈국의 어마어마한 이자부담으로 더욱 왜소해지고 있다. OECD 국가들이 1파운드를 원조할 때마다 가난한 나라들은 부채상환금으로 10파운드씩 지출해야 한다. 보건과 교육에 쓰여야 할 재원이 빠져나가는 셈이다.
- 약속과 과대광고 이후 가난한 42개국 부채의 20%만 탕감됐다. 대부분의 부채가 아직 상환불능 상태로 극빈국 사람들의 목숨을 좀먹고 있다.
- 국제 차관의 경우 지역 엘리트와 강력한 채권자 사이에서 비밀리에 협상이 이뤄지지만 그 효과는 평범한 사람들이 체감하고 떠안게 된다.
- 영국이 쥐고 있는 채권의 95%가 정부 수출신용보증부 소유여서 영국 제품—대부분 군비(軍備)—의 수출을 유도하고 있다.
- 채무자를 보호할 어떤 국제파산법도, 파산관리인도 없다. 채권자가 자기 법정의 재판관이자 배심원이다.

그렇다면 진정 누가 누구에게 빚지고 있는가?

환경 부채 : 부유한 국가들이 지구촌 환경 시스템을 손상시키고 있지만 그

영향을 가장 크게 받는 것은 가난한 나라들이다. 자연재해로 인한 사망자의 96%가 가난한 나라 사람들이며 해수면 상승으로 700만 명의 사람들이 위험에 처해 있다.

제국주의적 부채 : 콜럼버스의 신대륙 발견 이후 150여 년간 황금 18만 5,000킬로그램과 은 1,600만 킬로그램이 중미에서 유럽으로 옮겨졌다. 이게 도둑질이 아닌 단순한 차관일까?

역사적 부채 : 1193년 영국은 독일에 사자왕 리처드 1세의 몸값으로 당시 GDP의 4분의 1에 달하는 은 6만 6,000파운드를 지불하기로 했다. 그러나 이는 완불되지 않았다. 어떤 부채는 역사가 덮어버리는 것인가, 아니면 이 역시 상환돼야 하는 것인가?

물론 어떤 국가는 채무 관리를 남들보다 더 잘한다. 또한 채권도 중요하다. 하지만 채권자 역시 원초적 부채에 대해 똑같이 책임을 져야 한다.

영국 가계의 평균부채
1997년 2만 4,500파운드
2003년 3만 7,500파운드   자료 : 국립통계청

세계은행과 IMF는 말라위에 2만 8,000톤에 달하는 비축 옥수수를 팔아 달러 빚을 갚으라고 강요했다. 그로부터 3개월 뒤 그곳 사람들은 아사 위험에 직면하게 됐다.

www.jubileeplus.org

부채 2
미국을 짓누르는 것

2억 8,000만 미국인들이
도요타 랜드크루저,
소니 비디오플레이어,
카르티에 시계를 흥청망청
사들일 수 있는 것은 개발도상국
50억 인구의 은행 저축을 게걸스럽게
약탈한 때문이다.
이제는 부국이 빈국의 것을
좀도둑질하는 대신
그들을 재정적으로 지원해줄 때다.
- 앤 프티포, 『희년(禧年)의 연구』

뉴욕시 타임스퀘어에서 모퉁이를 돌면 번개처럼 돌아가는 계산기가 미국의 부채가 얼마나 되는지를 폭로하고 있다. 현재 그 액수는 6조 4,674억 3,637만 5,130달러 7센트, 1인당 2만 2,000달러씩이다. 그 액수는 이라크 전쟁 이전부터 하루 13억 5,000만 달러씩 증가해왔다.

미국의 지방정부 역시 흥청망청대며 얼마나 빚을 졌던지 최근 이자비용만 하루에 3,580억 달러씩 물고 있다. 이는 공원, 도서관, 복합 오락시설에 대한 지출을 훨씬 넘어서는 금액이며 모두 뒷세대가 갚아야 할 몫이다.

미국은 제1차 세계대전 이후만 해도 세계의 채권국으로 영국 경제를 구조조정하도록 압력을 가하는 존재였으며 숱한 극빈국들의 채권국이었다. 하지만 미국은 현재 세계 여러 나라들에서 빌려온 거대한 빚더미에 올라 있다.

날마다 미국 정부는 만기 10년 이상의 장기국채(Treasury Bond)와 10년 미만의 중

단기채(Treasury Bill)를 팔아 재정을 조달하고 돈을 빌려준 이들에게 상응하는 이자를 지불한다. 장기 및 중단기 국채의 만기가 돌아오면 이를 상환하기 위해서 뿐만 아니라 군비(軍備) 비용, 세금감축, 레이건 집권기 동안 눈덩이처럼 부풀어오른 온갖 유지불능의 예산을 대기 위해 돈을 더 빌린다. 미 정부 예산은 클린턴 집권기에 균형상태로 돌아왔다가 조지 부시 대통령의 세금감면 및 군사적 모험 때문에 또다시 적자로 돌아섰다. 그 영향은 전세계의 동원 가능한 자금을 청소기처럼 빨아들이는 것으로 나타나고 있다.

역설적으로 프랑스, 독일, 극동 국가들처럼 무역수지 흑자를 기록하는 곳뿐만 아니라 세계 최빈국의 저축자들, 연금펀드, 중앙은행이 지속적으로 돈이 돌아가도록 만들고 있다. 세계는 미국이 부채를 상환할 거라고 믿고 있으며 아직까지는 어떤 채권국도 감히 미국의 구조조정을 요구하지 못했다.

이제 어떻게 될지에 대해서는 전문가 의견이 나뉜다. 그냥 이대로 지속될 수 있을 것인가, 아니면 국제 금융 구조에 기괴한 균열이 불가피할 것인가. 아무도 모르지만 이 아이러니는 진짜 희한하다.

- 미국은 인도, 중국, 브라질 등 개발도상국 모두의 것을 합한 만큼의 금액(2조 5,000억 달러)을 빚지고 있다.
- 빚진 금액이 똑같은데도 가난한 나라는 리스크가 크다는 이유로 한 해 3,000억 달러 이상을 갚아나라느라 허리가 휘는 반면 미국은 고작 200억 달러만 갚고 있다.
- 가난한 나라가 미국에서 자금을 빌릴 때는 연리 18%라는 높은 이율이

적용되는데 미국에 빌려주는 돈에 대해선 3%의 저금리가 적용된다.
- 이는 개발도상국들이 사실상 미국의 대규모 적자를 재정적으로 떠안아 주고 있다는 얘기다. 한편으로 미국이 청소기처럼 자금을 빨아들이고 있기 때문이며 한편으로 개도국 중앙은행이 투기나 금융 불안정 등의 경우에 대비해 달러 보유고를 유지하도록 강요당하기 때문이다.

하지만 최빈국들이 예상외로 강력한 자신들의 지위에 언젠가 눈을 뜰지 누가 알랴. 미국에 부채를 구조조정하도록 강요하는 일이 일어나 전세계 경제에 파국적 결과를 가져올지도 모른다는 점이 두려울 뿐이다.

미국 무역적자
2000년 4,000억 달러
2002년 5,000억 달러
2004년 7,000억 달러(예측치)

앤 프티포
『실질 국제경제 개관 : 세계화의 유산 : 부채와 디플레이션』

돈은 모두 어디로 가버렸나?
현대적 화폐의 문제점

분명한 것은 현재 남편과 아내,
일을 할 수 없는 두 아이로
구성된 한 가족이 남편의
노동만으로는 생계를
꾸려갈 수 없다는 점이다.
이런 상황을 영국이 직시해야 한다.
-윌리엄 코비트

우리 부모는 '네서 왈럽'이라는 작은 마을에 살고 있다. 한 세대 전만 해도 이곳엔 상점 두 군데, 우체국, 술집 두 곳, 정육점, 경찰, 의사와 지구(district) 간호사* 한 명씩, 그리고 대규모 지방 철도 네트워크에 연결되는 인근 기차역 하나가 있었다.

그게 1940년대 긴축의 시기 얘기다. 우리가 상대적으로 더 '부유'해진 지금 이곳엔 술집 하나와 극히 드물게 오가는 버스 한 대가 있을 뿐이다. 낮은 세금, 과잉 규제, 부유한 이들을 위한 봉급 등 상투적인 이유만으론 어째서 가장 단순한 공공 서비스, 보건, 우편, 교육 및 기초적인 상점조차 유지하기가 그토록 힘든지 설명하지 못한다. 또한 언제나 돼야 이런 것을 꾸릴 수 있을 만큼 부유해질지도.

정책 결정자들은 당장 효과를 가져올 단기적인 것들에만 코를 빠뜨린 채 장기적 질문을 던지는 것을 꺼린다. 하지만 지

---
*특정 지역에서 가정방문을 하는 간호사

금이야말로 이런 질문을 던져야 할 때이다. 왜 24시간 내에 편지를 배달하는 삐그덕거리는 우편배달 시스템과 겨우 살림을 운영해갈 만한 철도만 살아남을 수 있을까. 왜 레스토랑은 거의 늘 자리가 차야만 파산을 면할 수 있을까. 왜 깨끗한 도로를 만들고 공원 쓰레기를 처리할 여력이 없는 것일까. 왜 정신적으로 병든 이들에게 전적인 의료 서비스를 제공할 수 없는가?

빅토리아 시대의 경제학자들은 1495년 생존에 필요한 돈을 버는 데 농부들은 고작 1년에 15주만 일하면 된다는 연구결과를 발표했다. 1564년에 이는 40주로 늘어났다. 현재는 평균 수준의 임금을 받는 한 사람이 잉글랜드 남동부 지역에 집을 사서 합리적인 생활을 영위해나간다는 것은 불가능하다. 맞벌이를 해야 한다.

기술과 복리이자의 발달로 여가를 즐기며 윤택한 삶을 살 수 있을 거라는 20세기의 예언은 실현되지 않았다. 대신 경제제도의 어떤 결함이 음모를 꾸며 우리를 모기지론의 노예로 돌려놓았다.

왜 시스템이 이런 방식으로 작동하는가? 명확한 해답은 없으며 대부분의 경제학자들은 그런 질문조차 던져보지 않는다. 하지만 여기 몇 가지 가능성 있는 이유들이 있다.

갑자기 출현한 부채 : 구매한 물건이나 방세의 최소 3분의 1 정도는 빌린 돈으로 지출하게 돼 이의 이자를 지불해야 한다. 평균적으로 영국 회사원 수입의 28%가 부채 상환에 쓰인다.

역외 조세피난처 : 전세계 부의 6분의 1에서 3분의 1가량이 현재 조세 회피를

위해 역외 금융기관에 숨어 있다(p80 참조).

중간상인의 저주 : 반세기 전만 해도 미국 농부들은 경작한 농산물 1달러어치당 41센트는 자기 주머니로 가져갔다. 현재 이는 9센트로 줄었다. 나머지 가운데 24센트는 종자, 전력, 비료 및 다른 투입물을 구매하는 데 쓰이지만 67센트는 시장상인, 중개인, 운송 및 슈퍼마켓의 몫으로 떨어진다.

지적재산권 : 최고 부유층은 이자수입, 저작권, 지적재산권, 임대료 등으로 세계에 남아 있는 돈을 빨아들인다. 다른 이들의 돈, 매체, 제품, 주택에 대해 권리를 차지하는 것이다(p83 참조).

독점 : 대형 제빵업체 13곳이 공기밖에 든 게 없는 빵을 생산하며 30억 파운드 규모에 달하는 제빵 산업을 통제하고 있다. 빵 속에 든 것이 얼마나 적었던지 비타민을 주입해야 했다. 숱한 다른 산업에서도 마찬가지 일이 일어나고 있다.

이유야 어떻든 트렌드는 분명하다. 우리가 스스로를 경제의 노예로 변모시키면서 가면 갈수록 공공재 조달이 불가능해지는 세상을 만들어가고 있다는 것이다. 이 문제에 대해 무엇을 할 수 있을까.

특정 지역에서 통제권을 행사할 수 있는 새로운 화폐(p80 참조)를 만드는 방법을 찾아볼 수 있다. 지금까지 해온 것처럼 어마어마한 이자가 붙은 차관을 들여와(p208 참조) 통화량을 늘리기보다는 무이자 화폐를 발행해 유통시키라고 정부를 설득해볼 수도 있다.

투자자의 소유권을 제한할 수도 있다. 투자자가 외국인 회사를 사거나 외국에 공장을 지을 때 20년 이상을 내다보지 않는다면-실제로 그렇다-그들에게 영구적 권리를 주는 것은 과잉지불인 셈이다. 오스트리아의 사상가이자 전직 금융인이었던 샨 턴벌은 한 세대가 지난 뒤엔 권리가 지역사회로 반환돼야 한다는 제안을 했다(p86 참조).

하지만 무엇보다도 현재 일어나는 일을 잘 알아야 한다. 보통사람들이 갈수록 부채부담에 시달리고 공공기관들의 현금이 바닥나고 정부도 갈수록 무일푼이 돼가고 있다. 기업체는 갈수록 부유해지고 있지만 주식시장과 자기 회사 주가의 횡포에 깊숙이 좌우되고 있어 감히 자리 잡힌 질서를 깨뜨릴 엄두를 내지 못한다. 이런 가운데 우리를 살아가게 해주는 돈이 갈수록 빠져나가고 있다.

데이비드 보일
『화폐를 바꾸는 사람들: 아리스토텔레스에서 전자화폐에 이르는 통화개혁』

연금
꼬리를 물고 일어나는 스캔들

이것은 거대한 붕괴였다.
다시는 일어나지 않기를 바라는.
-말콤 매클린, 영국 연금 자문관
 최근의 연금 스캔들에 대해

한 세기 전만 해도 콘서트장 관중은 「늙은 네덜란드인의 노래」가 끝나갈 무렵늙은 부부가 각각 남녀 워크하우스* 입구로 들어서며 영원히 헤어지게 되는 것을 보곤 눈시울을 적시곤 했다. "우리는 40년간 함께 살아왔으니/이 하루는 긴 것 같지 않네."

이제 이런 광경에 맞닥뜨릴 필요는 없다. 일단은 1909년 당시 재무장관이었던 데이비드 로이드 조지가 '인민 예산'을 통해 도입한 국민연금 때문이다. 이 덕분에 제1차 세계대전 이전의 워크하우스가 모조리 사라졌다. 또 하나는 복리 효과 때문이다. 화폐제도의 심장부에 담긴 이 '원죄'가 은퇴 이후까지 버텨낼 수 있을 만큼 충분한 금액을 저축할 수 있게 했다. 종업원들이 일주일에 한 번씩 정기적으로 회사연금을 납부해야 하던 때가 있었다. 복리의 마술적 효과로 그들은 워크하우스에

* 17세기 영국에 설립된 강제노역소

서 노동할 필요없이 30여 년간 행복한 노년을 보낼 수 있었다.

하지만 이 모든 것들이 사라져버리고 말았다. 무엇보다 화폐의 끝없는 성장이란 감당 불가능한 개념이었기 때문이다.-지구촌은 그렇게 작동되지 않는다(p131 참조). 또 하나의 이유는 주식시장과 이자율의 동시 붕괴였다. 게다가 인구는 노령화되고 저축률은 떨어진다. 무능, 오만, 유럽과 미국 양쪽에서 금융 서비스에 대한 신뢰를 훼손하는 기업들의 탐욕이 뒤범벅된 결과 가난으로 고통받는 노년이라는 유령이 되돌아올 상황에 처해 있는 것이다.

연금과 관련된 최근의 스캔들을 살펴보자.

'세이빙스 앤 론' 스캔들 : '세이빙스 앤 론' 이라는 미국의 주택조합들이 1980년대 중반 규제를 해제해 조합원들에게 대출을 허용했던 사건. 결과는 탐욕의 폭발, 부패, 세계 역사상 최대의 절도라 할 부정한 정치자금-연루된 공화당원 숫자가 최고치에 이르렀던-등이었으며 미국 정부는 1조 4,000억 달러의 비용부담을 감수해야 했다. 이는 200~300여 년간 미국에서 태어나는 모든 아이들을 보호하기에 충분한 금액이다. 감옥에 간 극소수는 보통 은행털이에게 내려지는 형기의 5분의 1 정도만을 선고받았다.

맥스웰 스캔들 : 출판 재벌 로버트 맥스웰이 비스케 만의 자기 요트에서 투신 자살하면서 그가 그간 자신의 미러 출판그룹 연금을 횡령해왔음이 백일하에 드러났다. 그 결과 오랜 세월 돈을 적립해온 회사 노동자들은 삭감된 연금을 수령할 수밖에 없었다. 그런데도 연금펀드의 안전을 책임져야 할 고액 연봉의 관리자들은 몇 년 동안 아무런 처벌도 받지 않았다.

부적절한 연금 판매 스캔들 : 200만 명에 육박하는 영국인들에게 부적절한 개인연금이 무분별하게 팔려나갔으며 불입액을 다 납입한 연금은 회사 설계 내용대로 유지하는 게 훨씬 이득인데도 불구하고 이를 바꾸도록 설득이 이어졌다. 이 스캔들로 보험회사와 금융 고문들은 보상비용으로 적어도 118억 파운드를 물어내게 됐다. 영국의 금융감독기관은 346개의 관련 회사에 징계조치를 내렸다.

기업연금 스캔들 : 대부분의 회사가 노령에 이른 직원들을 돌봐줌으로써 자신의 책임을 다하고 있지만 아직도 신입사원들을 받아주는 '마지막 봉급제(마지막 봉급의 일정 비율을 연금으로 지급하는 방식)'는 열 개 중 네 개 정도에 불과하다. 대신 이는 은퇴 이후 연금지급을 보장하지 않는 소위 '화폐구매력제'로 대체되고 있다. 기업 입장에서도 이 편이 싸게 먹힌다.

민영화 스캔들 : 국립 버스회사를 민영화할 때 보수당 정권은 연금펀드의 흑자를 민영화된 기업의 자산으로 계상할 수 있도록 해 회사를 팔아넘겼다. 이는 꼬박꼬박 연금을 적립해온 직원들보다 주주에게 이익이 되는 방법이다.

기업청산 스캔들 : 몇십 년 간 기업연금을 납입해온 직원들은 회사를 청산한다는 이사회의 결정에 연금도 못 받고 거리에 나앉는다. 설상가상으로 특정 연금펀드 총액의 15%가 청산절차를 거치면서 변호사, 계리인, 전문 수탁인의 주머니 속으로 사라져버리는 것을 지켜봐야 한다.

이 모든 일에 어떻게 대처해야 할까? 일단 국민연금은 적절한 생계 소득이 돼줘야 한다. 또한 사적 연금펀드는 전세계적 도박장이 아닌 보다 믿을 만한 투자처—보다 안전하고 생산성 높은 지방 주택, 교통수단, 건강 프로젝트(p268 참조) 등—를 발굴해야 한다. 국민연금과 평균 소득 간 연관관계를 재설정해야 한다. 하지만 무엇보다 노령에 접어들어 스스로를 지켜줄 새로운 방법을 찾아내야 한다. 건강하고 편안한 노년을 보내기 위해서는 지역사회의 지원이 뒤따라야 한다. 새로운 방법으로 '시간은행'*이 가장 먼저 꼽히는 이유다.

* 지역사회에 봉사한 자기 시간을 저축해 그만큼 다른 이의 시간을 받아 쓰는 영국의 새로운 자원봉사 시스템

로빈 블랙번
『죽음의 은행 : 연금의 이용과 오용』

돈을 만들어내는 또 다른 방법 1

더 많은 현찰 창출하기

"정부가 달러 채권을
창출할 수 있다면
달러 지폐도 창출할 수 있다."
-헨리 포드, 1921년 「뉴욕타임스」

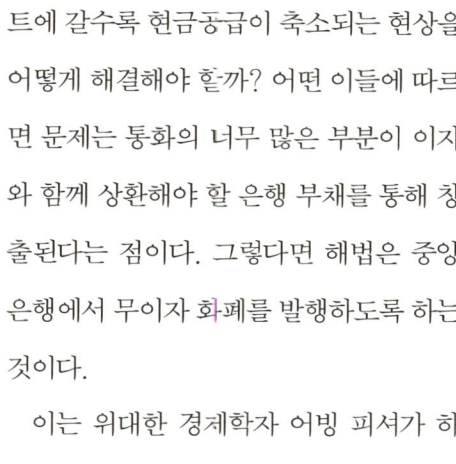

핵심적인 부문에, 도시에, 공공 프로젝트에 갈수록 현금공급이 축소되는 현상을 어떻게 해결해야 할까? 어떤 이들에 따르면 문제는 통화의 너무 많은 부분이 이자와 함께 상환해야 할 은행 부채를 통해 창출된다는 점이다. 그렇다면 해법은 중앙은행에서 무이자 화폐를 발행하도록 하는 것이다.

이는 위대한 경제학자 어빙 피셔가 하는 은행의 기능 화폐를 창출을 금지해야 한다고 주장하면서 20세기 중반 인기를 끈 급진적 해법이 됐다. 돈을 빌려줄 때 은행은 그 대가로 예치되는 담보 한도 내에서만 빌려줘야지 그 이상은 안 된다는 것이었다.

한 가지 간단한 방법으로 최근 영국과 미국의 의회에도 제안된 다음과 같은 아이디어가 있다. 영란은행이 무부채 화폐를 발행해 이를 새 철도나 병원 등 공공 인프라스트럭처 건설사업에 빌려주었다가 상환하는 즉시 유통에서 배제시키는 것이

4장 부채(負債) **151**

다. 이는 1921년 헨리 포드나 토머스 앨바 에디슨 같은 제조업자가 이미 제안했던 해법이다.

어디선가 화폐를 창출해야만 한다면 은행보다는 이자를 받지 않는 정부가 하는 편이 인플레이션을 훨씬 덜 일으킬 것이다. 경제학자들은 이자란 대규모 대출에 부과되는 의무라고 한다. 맞는 말이지만 너무 비싼 의무다. 런던 지하철에 5억 3,000만 달러—이 가운데 3분의 1은 금융 브로커들에게 흘러 들어갈 것이다—를 투자한 투자자들은 그 대가로 민관합작 기간 동안 27억 달러가량을 벌어들일 걸로 기대하고 있다.

몇 가지 선례도 있다.

브래드버리스 : 1914년 데이비드 로이드 조지 영국 재무장관은 '브래드버리스'로 알려지게 되는 화폐를 재무부에서 찍어내도록 해 은행 도산을 막았다. 화폐의 이름이 그렇게 붙은 것은 재무장관인 존 브래드버리스 경의 사인이 들어 있었기 때문이다. 재무부가 화폐를 계속 발행하자 은행들은 분노했다.

현찰 : 유통되는 화폐의 3% 정도는 이미 이런 방식으로 창출됐다. 이런 화폐가 과거에는 훨씬 많았다. 이는 정부가 화폐주조 이차*를 이유로 삼아 발행하는 지폐와 동전들을 말한다. 경제학자들에게 이는 통화량을 측정하는 다른 용어인 M1(통화), M2(총통화), M3(총유동성) 등과 대별되도록 M0라

＊이차(利差) : 돈을 주조하는 데 드는 비용과 화폐 액면가치의 차이

고 알려져 있다.

다시 현찰 : 그리 오래지 않은 과거인 1960년대 영란은행이 발행한 현찰은 유통 통화의 21%가량이었다. 당시의 인플레이션 수준은 오늘날과 똑같았다. 따라서 아직은 같은 일을 해볼 여지가 있는 셈이다.

정부는 보다 세련된 투자를 위해 필요한 신용을 창출할 권리가 있고 실제로 그렇게 해야 한다.

제임스 로버트슨 & 조셉 허버
『새로운 화폐의 창출 : 정보화시대의 화폐』

돈을 만들어내는 또 다른 방법 2

사회신용설과 녹색셔츠단의 발흥

> 은행업은 불평등 속에서 배태되고 죄악 속에서 태어났다.
> 은행가들이 세상을 소유하고 있다. 모든 것을 빼앗아도 화폐를 창출할 권한을 남겨둔다면 그들은 펜대를 한번 굴려서 화폐를 찍어내 그 모든 것을 되사들일 것이다.
> -조사이어 스탬프 경,
> 영란은행 관리직을 개혁하며

격랑의 1920~1930년대 정부가 새로운 화폐를 창출해야 한다는 생각은 새로운 이념의 중심 사상이 됐다. 사회주의와 중세 길드 제도에 대한 열망이 이상하게 혼합돼 그곳에서 솟구쳐오른 이 이념은 '사회신용설'이라 알려진 것이다.

사회신용설의 창시자로 당시 판버러의 항공기 공장 엔지니어였던 '위대한' 클리포드 휴 더글러스에 따르면 문제는 생각보다 훨씬 나쁘다. 그는 세상에 모든 부채를 갚을 수 있을 만큼 충분한 화폐가 유통되고 있지 않다고 말했다―그리고 이는 오늘날도 마찬가지다. 때문에 우리의 삶이 조금씩 조금씩 더 은행의 통제 속으로 빨려 들어가게 돼 있다는 것이다.

1920년 출간된 더글러스의 책 『경제 민주주의』는 좌파 정치세력 사이에 중대한 분열을 초래했다. 무엇을 하고자 하는지는 뚜렷하게 밝혀지지 않았지만 그를 중심으로 강력한 성명서가 나왔다. 그 속에는 은행의 화폐 창출 기능을 전적으로 금지시켜 은행에서는 위탁받은 금액만 대출할 수 있도록 해야 하고, 화폐를 주조해 시민들의 계좌에 다달이 기본 소득의 형태로 신탁해야 한다는 주장이 담겨 있었다. 이렇게 되면 종전에 기대돼온 '트리클 다운' 대신 '트리클 업'* 효과로 경제가 활성화된다는 것이었다.

1930년대가 되자 더글러스는 영국뿐만 아니라 오스트레일리아, 캐나다에서도 스타디움을 가득 채울 정도의 지지자를 동원할 수 있게 됐다. 그가 미국에서 라디오 방송을 했을 때 9,000만 명이 몰려들었고 캐나다에선 두 군데 주에서 사회신용설을 표방하는 정부를 선출했다. 앨버타 주에선 그런 정부가 1971년까지 집권하며 개개인에게 다달이 25달러씩 배당금을 주겠다는 약속을 밀어붙이다 법원의 금지 명령을 받았다.

영국에서는 보이스카웃의 한 분파가—더글러스에겐 경악스럽게도— '사회신용당'을 창당, 녹색셔츠단으로 거리를 행진했다. 그 배후엔 존 하그레이브란 범상치 않은 인물이 있었는데 전쟁 발발 전 녹색 화살을 다우닝가 10번지 총리관저 문에 꽂아 악명을 떨치기도 했다. 하지만 1950년 총선 때 스톡 뉴잉턴에서 예금 잔고를 다 날린 뒤 당을 해산했다.

사회신용설은 1950년대 반유대주의와 편집증 속에서 점차 힘을 잃어갔다. 어떤 이유로 은행이 음모를 꾸며 실행하고 있다고 믿는 것은 그게 유대인의 음모라고 믿는 것과 털끝만큼의 차이도 없는 것이 됐다. 인터넷에는 아직도 그런 음모론이 떠돈다. 링컨과 케네디가 암살당한 게 그들이 은행을 접수하

---

*개별 소비자에 대한 투자가 경제 전체의 부양효과로 확산된다는 의미

려 시도했기 때문이란 것이다.

하지만 더글러스는 제임스 미드 같은 젊은 경제학자―케인스도 자기에게 배웠다고 주장하는―에게 영향을 미쳤다. 반세기가 더 흐른 지금 사회신용설은 반유대주의 색채를 떨쳐내고 세계적 부채위기를 타개할 급진적 해법으로 새 단장해 유행하고 있다. 하지만 화폐공급 권한을 중앙으로 이양해야 한다는 주장에 대해서는 아직도 논란이 계속되고 있다. 그 중앙이 정부를 의미하는지 아니면 협상테이블에 둘러앉은 여러 당사자들을 의미하는지 불분명하기 때문이다.

정부는 돈을 얼마나 발행해야 하느냐는 문제에 대해선 늘 모호하기로 악명이 높았다. 하지만 '독립적인' 위원회조차 중앙집중적인 힘이다. 이것이 급진적 논쟁의 본질인 셈이다. 현재의 시스템이 제대로 작동하지 않는 것은 맞다. 그렇다면 화폐 창출과 관련된 권한을 중앙 기구에 집중시켜야 하는가, 아니면 화폐를 창출할 수 있는 기관의 숫자를 늘려줘야 하는가.

개인적으로는 화폐를 창출할 능력을 가급적 폭넓은 곳에 나눠주는 쪽을 선호한다. 하지만 사회신용설은 매력적인데도 소홀히 다뤄져온 역사이다. 더글러스는 최근에야 자신의 캠페인에 성공한 셈이며 앞으로도 그럴 것이다.

프란시스 허치슨
『만인이 알고 싶어하는 돈 이야기』

돈을 만들어내는 또 다른 방법 3

석유, 금속, 식량……
지구촌의 새로운 통화

> 실재성도 안정성도 없다.
> 금값이 70% 이상 뛰어올랐다.
> 이는 마치 1피트가 12인치라는
> 규칙이 갑자기 19나 20인치로
> 막 늘어나는 것과 같다.
>
> - 윈스턴 처칠,
>   파운드를 금본위제로
>   되돌린 자신의 불길한 결정에 대해

통화가 점점 줄어드는 게 인생의 불가피한 측면이라면 어떻게 해야 할까? 어떤 이들의 의견에 따르면 문제는 돈이 고유한 권리를 가진 상품이 됐다는 것이다. 화폐 가치는 실물에 근거하지 않기 때문에 월스트리트 사람들이 매기는 그대로 가치가 형성되기 쉽고 사실상 무엇이든 될 수 있다. 뭔가를 키우거나 새로 만들어낼 때보다 가만히 묵혀둘 때 더 이익이 나는 곳이 항상 있게 마련이다.

이런 환경에서 돈이 소규모 농가나 제조업자의 손을 쉽사리 빠져나가 은행, 헤지펀드, 금융 서비스나 갑부의 손으로 흘러들어가는 것도 놀라운 일은 아니다. 이는 화폐의 대부분이 법정 불환지폐(fiat money)일 때 생겨나는 현상이라는 게 일부의 주장이다(p211 참조). 불환지폐란 자체의 내재적 가치가 아니라 정부의 명령으로 생겨난 화폐로, 이를 창출하는 과정에서 진 빚을 정부가 상환할 수 있으리라는 신뢰 때문에 가치가 지지되는 화폐를

4장 부채(負債) **157**

말한다.

하지만 다른 것을 요구해온 오랜 전통도 있다. 이는 화폐가치가 재화와 용역의 가치에 의해 담보돼야 한다고 생각한 프랑스의 무정부주의자 피에르 조셉 푸르동과 그의 인민은행(p222 참조)부터 농장 생산물의 가치에 근거한 화폐를 발행해낸 미국의 양심적 병역거부자 밥 스완에게까지 뻗어 있다(p220 참조).

여기에는 케인스도 포함되는데 제2차 세계대전 이후의 경제 시스템에 대한 그의 계획-미국 정부는 이를 거부했다-에는 다른 모든 것을 떠받치며 밀이나 석유 등 상품가치로 담보되는 국제통화의 발행도 끼어 있었다. 이런 안정성은 전쟁이 끝난 뒤 기근이 유럽을 휩쓸던 때 특히 시급했다. 투자은행업계의 거물 벤저민 그레이엄은 전세계 상점에 진열된 식품 가치에 근거한 지구촌 통화를 제안하기도 했다.

최근에는 유로의 최초 설계자 가운데 하나인 베르나르 리에테르의 '테라(terra)' 계획이 있다. 테라란 상품 바스켓에 근거한 국제통화다. 이때 상품 바스켓 설계에는 구리부터 설탕까지 어떤 것이든 포함될 수 있다. 그는 이런 통화를 도입하면 다른 모든 통화가 안정될 것이라고 생각했다. 그에 따르면 테라는 다음과 같은 특징을 가져야 한다.

인플레이션이 없다 : 돈의 가치가 석유, 밀, 구리 등 실물가치에 연계돼 등락할 것이기 때문이다.

부(負)의 이자를 부과한다(p213 참조) : 화폐가 실물적이기 때문이다. 실물 상품들은 결국 녹슬고 부패한다. 사재기하려는 투기꾼의 탐욕도 줄어들 수밖에 없다.

세계 경제를 진정시킨다 : 경기가 호황을 누리고 있을 때는 그렇다. 그런가 하면 불경기 때는 경기회복의 시동을 건다.

개발도상국의 상품 생산자를 돕는다 : 보관비용을 줄일 수 있기 때문이다.

세계 경제가 훨씬 더 많이 필요로 해온 가치 척도를 제공한다 : 더 이상 투기세력이 그런 파워를 쥘 수 없다.

아직 테라가 나타날 기미는 없다. 하지만 다른 국가나 지역의 통화를 대체하는 게 아니라 이를 보완하고 지원하는 것으로서 그와 같은 화폐에 대한 논의는 여전히 유효하다.

베르나르 리에테르
『화폐의 미래 : 부와 일, 그리고 더 현명한 세상을 창조하기 위한 새로운 길』

국민의 소득

생존권

잔치는 희락을 위해
베푸는 것이요,
포도주는 생명을
기쁘게 하는 것이나
돈은 범사에 응용되느니라.
-「전도서」10장 19절

해마다 많은 관료들이 실업수당이나 기타 여러 지원금이 제대로 지급되고 있는지 확인하는 데 막대한 금액을 쏟아붓고 있다. 그냥 그걸 모든 사람들에게 다 줘버리는 게 한결 싸게 먹히지 않을지 의문을 품어보지 않을 수 없다.

인류와 지구에 아무짝에도 쓸모없는 일(담배 광고문안을 쓴다든지, 맥도날드에서 햄버거를 뒤집는 등)을 해서 생계를 꾸려나가기가 얼마나 쉬운지, 반면 시장 가치가 없는 일(아이 돌보기, 환경보호 등)을 했을 때 대가를 받기가 얼마나 어려운지 등을 고려해본다면 직업과의 관련성이 완전히 제거된 기초소득이 필요한 것 아닌가 고민해볼 만하다.

기초소득이 주어지면 사람들은 사치품을 사기 위해 다른 돈벌이에 나설 수도 있지만 자신의 삶을 예술에 헌신하거나 그저 노부모 봉양에 쏟고 싶다면 그렇게 하며 살 수도 있게 된다. 이것이 1930년대 사회신용운동의 배후에 있던 생각이었다

(p154 참조). 비록 사회신용론에 입각해 집권한 앨버타 주 정부가 모든 사람들에게 다달이 '배당금'을 지급하려 했던 계획에 대해 캐나다 대법원이 제동을 걸긴 했지만. '1943년의 복지상황에 관한 비버리지 플랜'에 대한 소수의견 보고서에서도 유사한 것을 제안했지만 그 재원을 조세 아닌 곳에서 찾고자 했다. 가족 구성원에 대한 인적 세금공제 역시 국민 기초소득-모든 개인은 살아갈 권리가 있음을 재확인하는-으로 가는 느린 움직임이지만 아직 그곳까지 가 닿지는 못하고 있다. 기초소득과 관련된 아이디어가 광범위하게 받아들여지기 전에 몇 가지 더 논의돼야 할 것들이 있다. 우선은 기초소득을 충분할 만큼 책정하려면 세금을 증액해야 한다는 것이다.

돈이 얼마나 들 것인지에 대한 의견도 제각각이다. 다른 함정도 있다. 국가가 책임의 일정 부분을 떠맡아주고 있기에 고용주는 아마도 임금을 낮추려 들 것이다. 그렇게 되면 나가서 일-어떤 이들에겐 생명줄과도 같은-해야 한다는 강제가 사라진 사람들의 자기존중감도 따라서 낮아질 것이다. 하지만 그렇더라도 국민의 소득 도입에 따르는 편익은 어마어마할 것이다. 아마도 다음과 같은 세상이 올 것이다.

- 생활보호 대상자에 대한 수입 조사도, 실업수당 담당 관리에게 아첨하는 것도, 많은 복지 담당 관료도 필요없어진다. 누구나 생계비를 권리로서 지급받기 때문이다.
- 생계를 위해 하고 싶지 않은 일 어거지로 해야 하는 예술가, 배우, 시인 등이 사라진다.

- 사람을 찾거나 연장자를 돌보며 사회적 자본을 만드는 이들을 이웃이 쫓아다니며 '돈 버는' 일이나 찾아보라고 등 떠밀어 내보내는 일이 없어진다.
- 돈을 벌기 위해 옆집 아이들을 돌봐주면서 정작 자신은 돌보지 않는 난센스도 더 이상 일어날 수 없다.

'국민의 소득'을 지원하는 방법에는 여러 가지가 있다. 노르웨이는 석유와 관련된 수입을 미래 세대에 편익이 돌아갈 펀드에 투자한다. 또한 20년이 흘러 해외투자가 해당 지역에서의 소유권으로 전환되고 나면(p87 참조) 해마다 그 이윤으로 배당을 받을 수도 있다.

사회에서 '비경제적'이지만 중요한 역할을 하는 사람들에게 국가 차원에서 폭넓은 구호의 손길을 뻗칠 필요까지는 없더라도 기초적 생계보장은 해줘야 한다(p235 참조). 최근의 시스템은 갈수록 직업의 정의를 협소하게만 만들어가고 있다. 이런 현상은 즉시 시장에서 거래될 수 없는 것들은 모두 쫓아내 우리를 더욱 가난하게 만들 것이다. 물론 국민의 소득이 도입되지 않는다면 말이다.

소액
신용대출
작은 은행이 아름답다

문제는 사람들이 신용대출을
받을 만한가가 아니다.
은행이 사람을
상대할 만한 가치가 있느냐이다.
- 모하메드 유누스,
  그라민 은행 설립자

방글라데시의 경제학 교수인 모하메드 유누스는 1976년 뉴욕 은행가들이 모이는 회의에 갔다가 자기 나라 사람의 80%가량은 그곳에 모인 이들에게서 대출 거부를 당하고 말 것이란 사실을 깨달았다.

그는 고향으로 돌아가 그라민 은행을 세웠고 이는 현재 소액대출과 소규모 은행업무의 모델이 되고 있다. 이곳에서는 닭이나 소, 최근에는 마을이 공동으로 사용할 핸드폰 구입비("핸드폰 한 대는 소 한 마리와 같다"고 그라민 은행 사람들은 말한다.) 등 아주 적은 돈도 빌려준다. 대출은 대부분 여성에게만 이뤄지는데 여성들이 남성보다 돈 관리에 더 뛰어나다고 알려졌기 때문이다. 또한 모든 대출금은 다른 여성들로 이뤄진 지원 그룹에서 조달된다.

그라민은 세상에서 가장 가난한 마을들을 돌아다니며 스쿠터 위에서 영업을 시작했다. '여러분의 은행이 먼지구름 속을 뚫고 들어온다'고 「크리스천 사이언스 모니터」지는 이 은행에 대한 첫 기사의 헤드

라인을 뽑았다.

　이 역시 엄청난 성공을 거뒀다. 서구 은행이 부자 고객에게 대출할 때 10%에 이르곤 하는 악성 부채를 1% 수준으로 줄였을 뿐 아니라 빈곤 계층의 자립을 실질적으로 돕는 새로운 개발 모델을 창출해냈다. 그라민 은행은 현재 3만 5,000개 부락에서 1만 2,000명의 직원과 200만 명의 대출고객을 보유하고 있다. 고객의 94%는 여성이다. 은행은 어느덧 중대한 정치적 영향력을 갖게 됐다.

　그라민 은행은 또한 대기업이 은행을 통해 뭔가 지원해주기를 하염없이 기다리고 앉아 있기보다는 극빈 지역 사람들에게 서비스와 음식을 제공하며 사람들이 자기 인생에 중대한 변화를 가져올 수 있는 투자를 스스로 찾아낼 수 있도록 해주고 있다.

　그라민 은행은 전세계에 숱한 소액대출 프로젝트를 퍼뜨렸으며 이로 인해 서방 등 선진공업국은 제3세계에서 한 가지 개발 방법을 배우게 됐다. 소액대출운동은 힐러리 클린턴이 주관한 1996년 워싱턴 유엔 소액대출 정상회의에서 정점에 이르렀다. 폴란드를 비롯한 다른 많은 국가에서 유사한 아이디어를 성공적으로 실행했다. 영국 투자금융회사의 은행가 로살린드 카피서로가 창출한 폴란드형 소액 신용대출 모델 '푼두즈 미크로'는 영국에서 뿌리를 내렸다. 그밖에 이런 기관들도 있다.

그라민폰 : 방글라데시의 전화 없는 곳에 전화제공 서비스를 하는 기관(방글라데시 사람들은 핸드폰 하나를 장만하려면 10년을 기다려 500달러 정도를 내야

한다. 반면 뉴요커들은 거의 즉시, 무료로 장외에서 개통할 수 있다).

신용조합 : 이는 소규모 공동체가 관리하는 '세이빙스 앤 론'과 같은 금융기관으로 아일랜드에서 영국까지 퍼져 있으며 극빈층에 일정한 재정적 영향력을 행사한다. 이곳이 없으면 극빈층은 연리 5,000%가 넘는 고리대금업에 의존해야 한다.

사회은행 : 런던 재건축조합, 애스톤 재투자, 브리스톨(및 스페인, 네덜란드 등)의 트라이오도스 은행, 또 시카고의 유명한 사우스쇼어(south shore)뱅크처럼 도시 안에 있으며 사회적 목표를 실현하려는 사회적 기업에 대출해주는 곳이다.

모하메드 유누스
『빈민을 위한 은행: 그라민 뱅크 이야기』

5장
미친 돈

세계 금융 시스템은 하루가 멀다 하고 신흥 백만장자를 창출해내는 한편 고통스러운 가난과 부채를 안은 채 하루가 다르게 불안정해지고 있다. 이 시스템을 운영하는 이들 가운데는 런던과 뉴욕의 24세짜리 멜빵바지 차림들도 있다. 이들은 시스템이 요동치면 칠수록 더욱 많은 돈을 벌어들인다. 이건 정말 미친 세상이다.

범죄에 연루된 돈

그림자경제

"나는 그저 비즈니스맨일 뿐이다."
-알 카포네

역사적으로 돈의 기괴한 특성 가운데 하나가 보호막을 치고 앉은 특권층을 몰아내는 역할을 해왔다는 것이다. 중세의 통치자들은 상인계층이 단지 돈이 있다는 이유만으로 자신들과 맞먹으려 드는 것을 공포에 질려 바라봐야 했다. 통치계급은 서둘러 계급에 따라 의상을 제한하는 규칙을 통과시키고 귀족 아닌 이들이 체스를 하는 것(혹은 체스에서 이기는 것)조차 엄격히 금지했다. 하지만 이런 규칙들은 모두 무용지물이 됐다. 그게 바로 돈의 힘이었다.

돈은 귀족적 성질을 지니고 있으면서 다른 것들로부터는 그것을 앗아가버린다.

하지만 흡수성 높은 사회적 특권으로 돈은 이제 방해물이라면 무엇이건 엄청난 속도로 집어삼켜버린다. 가족, 도덕, 공동체, 법 할 것 없이. 그 결과 석유 및 군수산업을 제외하고 현재 지상 최대의 산업군은 마약, 섹스, 불법 이민 등이 돼버렸다. 대마초, 코카인, 헤로인 등 마약밀수에서 발생하는 연간 이익은 3,000억~5,000억 달러로 추산되는데 이는 전세계 교역량의 10%에 달하는 금액이다. 소프트웨어 불법복제에 따른 매출액만 2,000억 달러가 넘고 해적판 CD, 비디오 등 위조물건 거래액 또한 1,000억 달러에 이른다. 저작권과 특허권 개념이 확산될수록 '지하시장' 만 즐거워지는 셈이다.

'범죄총생산(Gross Criminal Product)' 이라 할 만한 전세계 범죄 관련 연간 매출액이 현재 1조 달러대에 이르는 것으로 추산된다. 이는 전세계 교역의 20%대에 달하는 수치다. 해마다 그 가운데 3,500억 달러가량이 역외 금융기관에서 돈세탁돼 재투자된다. 하루 10억 달러꼴이다.

사실 범죄야말로 대형 사업이다. 세계 최대 조직은 홍콩 삼합회 '신의안' 파로 전세계적으로 4만 7,000명에서 6만 명에 이르는 조직원을 거느리고 있다.

이를 정부의 보조금까지 받고 있는 준합법적인 군수품 거래와 비교해보자. 예를 들어 영국은 수출교역보증서로 영국에 대한 제3세계 부채의 많은 부분을 창출해내고 있다. 대략 한 해 8,000억 달러에 달하는 규모다.

합법적인 회사 활동 가운데 일부도 범죄적인 부류에 들 수 있다. 회사가 적극적인 피해를 입힌 경우를 제외하곤—예를 들어 담배 재배에 쓰인 화학성분 때문에 기형아가 태어난 경우처럼—이는 모두 단순히 '외부효과' 라고 불린다. 많은 미국인들이 해마다 작업장에서, 또는 진폐증이나 석면침착증 등과 같은 직업병으로 죽어간다. 또한 전세계적으로 수십만 명이 공해, 오염된 음식, 위험한 소비자 제품, 병원의 오진 등 조용한 폭력 때문에 사라져간다.

1990년대 최대 '범죄 기록' 을 양산한 회사들을 꼽아보면 다음과 같다.

- 국제 반독점법에 의해 5억 달러의 벌금이 부과된 스위스 제약회사 호프만 라로시
- 돈세탁에 연루된 혐의로 3억 4,000만 달러가 부과된 일본 다이와 은행
- 환경오염으로 1억 2,500만 달러가 부과된 엑손 주식회사와 엑손 선박

기업이 유일한 윤리적 의무를 이윤창출이라고만 생각한다면 어떤 일이 일어날까(분식회계 끝에 결국 회사를 도산으로 몰고 간 엔론과 월드컴 경영진에 대한 거센 책임추궁이 그 예가 될 수 있다)?

경영진의 보수(報酬) 역시 항상 뭔가 숨겨져 있는 건 아니겠지만 그렇다고 온전히 합법적인 것처럼 보이진 않는다. 미국의 복합기업(conglomerate) 타이코 CEO인 데니스 코즐로스키는 CFO(재무 담당 최고경영자)인 마크 스워츠와 함께 10여 년간 회사금고에서 4억 달러를 좀도둑질한 혐의로 2003년 기소됐다. 그는 6,000달러짜리 샤워커튼과 1만 5,000달러짜리 우산꽂이를 애용하는 사람이었다.

www.corporate predators.org

석유의 저주
지금 왜 아무것에도 실체가 없나

석기시대는 돌이 부족해
종언을 고한 것이 아니었다.
석유의 시대도 끝이 날 것이다.
하지만 석유 부족 때문은
아닐 것이다.
  -셰이크 야마니,
   전 사우디아라비아 석유장관

"이 나라를 가난하게 만드는 것은 부유함이다." 16세기의 한 스페인 경제학자는 황금이 넘쳐난 나머지 결과적으로 극심한 인플레이션에 시달리게 된 스페인에 대해 이렇게 말했다. 비슷한 일들이 '구아노 호황' 때의 페루, 또 '고무 호황' 때의 브라질에서 일어났다. 유사한 역설이 소위 '석유의 저주'의 토대가 된다.

영국이 1960년대 석유의 존재를 처음 알았을 때처럼 갑작스런 발견만큼 정부를 흥분시키는 일도 없다. 해저 또는 지층 깊은 곳에서 분출되는 석유는 그 소유자로 하여금 세상 모든 근심은 영원히 사라졌다고 믿게 하기에 족하다. 하지만 실상은 정반대다. 때문에 베네수엘라의 전 석유장관 겸 석유생산국기구 OPEC의 공동 창립자는 석유를 '악마의 배설물'이라고 부르기도 했다.

물론 이 같은 역설엔 예외도 있다. 노르웨이나 말레이시아처럼 석유에서 얻은 수입금을 경제 다변화에 쓴 경우다. 하지만

일반적으로 석유의 부(富)에 크게 의존한 국가는 나빠졌고 이에 적게 의존할수록 더욱 좋아졌다. 이상한 일도 아니다.

왜 그런 것일까. 쉽게 들어온 것은 쉽게 나간다(p124 참조). 그 뒤로 겉만 번지르르했던 건물들이 산산이 부서져내린 잔해와 유령도시만을 남긴 채. 이는 캘리포니아와 알래스카의 골드 러시가 남긴 것이기도 하다. 한편 짧은 순간 돈벼락을 맞은 사람들은 미래에 대해 생각하지 않고 소비에 소비를 거듭한다. 결국 막판에 거덜나버리게 마련이다. 이런 '붐' 들은 또한 가장 유용한 사람들을 몰아내버린다. 의심스럽다면 콜로라도 주에 도박이 합법화되고 난 뒤 작은 마을이었던 블랙호크가 어떻게 변해갔는지를 잘 살펴보라. 대부분의 공공건물이 카지노나 슬롯머신 아케이드로 바뀌었고 길거리에서 만나는 이들은 검은 안경을 쓰고 주차를 도와주려는 '파킹맨' 들뿐이었다. 비슷한 현상이 규모만 더 커진 채 저지(Jersey)나 사이프러스 등 역외금융센터에서 일어나고 있다.

석유 생산국들은 그릇된 안도감에 빠지기 쉽다. 그들은 석유가 가져다주는 부가 어려운 결정을 내리거나 투자를 할 때 완충작용을 해주리라고 믿는다. 그리하여 그들은 아직도 어려운 결정을 받아들이지 않으려 하고 있다. 그들은 에너지가 항상 값쌀 거라고 믿는다.-그런 믿음이 미국 역시 절름거리게 하고 있다.-때문에 그들은 에너지를 절약하기 위해 혁신할 필요가 없다고 느낀다. 그러는 동안 에너지 부족을 해소하기 위한 발명품과 효율성 등은 석유빈국인 경쟁국들에 돌아간다.

영국판 석유의 저주는 다른 나라들에도 영향을 미친다. 석유에서 창출된

부가 임금과 가격에 반영될 것이고 그렇게 되면 한동안 투기꾼이 그 나라의 화폐를 사들이면서 국제시장에서 화폐가치가 급상승하는 최악의 경우가 발생한다. 결과적으로 다른 나라 사람들이 그 물건값을 감당할 수 없게 돼 공장이 하나둘씩 문을 닫기 시작한다.

이것이 석유의 저주다. 경제에 남는 것이라곤 석유와 서비스업밖에 없게 된다. 제조업은 가격경쟁에서 밀려 사라져버릴 것이다. 버블로 인한 주식시장의 떡고물을 나눠받으면 그뿐인데 뭐 하러 그 적은 마진을 노리고 그 노력을 들여 사업을 시작하겠는가. 이것이 성공적인 현대 경제학의 문제점이다. 실물 부문이 고전하다 비실물적인 것에 의해 가격경쟁에서 밀려 구축돼버리는 것이다.

테리 린 칼
『풍부함의 역설 : 석유 호황과 산유국들』

실물 세상이여 안녕

상품이 돼버린 돈

옥수수 1부셸은 4달러도 안 되지만 콘플레이크 1부셸은 133달러나 한다.
-캐나다 국립농민연합 2000년 보고서

산업혁명 이후 2세기가 지나가는 동안, 또한 정책 결정자들이 경제 '성장'을 나타낸다는 숫자를 노려보기 시작한 지 반 세기가 넘어선 동안 한 가지만은 변하지 않았다. 경제가 얼마나 많은 성공을 이뤄냈건, 그 산물이 얼마나 되건 빈부격차는 그대로라는 것-오히려 더 커지고 있다는 것이다.

1880년대 런던에서 선박왕 찰스 부스가 최초로 가구별 방문조사를 했을 때 런던 사람의 30.5%가 가난한 계층이란 결과가 나왔다. 1834년 신빈곤법 개정안과 함께 구빈원이 도입되기 전으로 거슬러 올라가도 영국 국민소득의 20% 이상이 복지에 쓰였고 이는 구빈구*를 통해 전달됐다.

이제 21세기가 돼 측정 방법은 달라졌지만 다음의 두 가지는 아직도 대략 비슷하다. 도시의 3분의 1가량은 빈민이다. 전 세계 국가의 3분의 1이 '저개발국'으로

─────
＊救貧區 : 옛 영국에서 빈민구호 등을 위해 설치한 행정지역

간주되는 것처럼.

하지만 현재 상황은 그보다 한층 복잡하며 더욱 악화됐다. 돈은 이미 부자가 된 사람을 가난한 사람들보다, 이미 부유한 국가를 빈국보다 선호하고 있다. 금융 서비스라는 비실물적 경제 분야 역시 제조업자들보다는 투기꾼을, 성장시키려는 이들보다는 정보를 쥐고 있는 이들을 더욱 좋아하게 됐다 (p136 참조). 또한 간호 등의 인간적 기술보다는 회계학 같은 엄격한 유사과학적 기술에 더욱 반색하고 있다.

역사상 돈과 관련됐던 모든 광기(狂氣) 가운데서도 이처럼 음흉하고 해롭고 불공정한 것은 없다. 어째서 이런 일이 벌어지는가?

캐나다 농민연맹의 2000년 보고서에서 이에 대한 단서를 찾아볼 수 있다. "곡물을 생산하는 농민들이 파산 위기로 몰리고 있는 반면 아침식사용 시리얼을 제조하는 회사들은 막대한 이득을 올렸다. 1998년 시리얼 제조회사인 켈로그, 퀘이커 오트, 제너럴 밀즈 등의 자기자본 이익률은 각각 56%, 165%, 222%에 달했다. 옥수수 1부셸 가격이 4달러에도 못 미친 반면 콘프레이크 1부셸은 133달러에 팔렸다. 시리얼 업체의 수익성이 농부들의 186~740배에 달했다. 다른 곳에서 너무 많이 가져가버리기에 농부들은 너무 조금밖에 차지하지 못한다."

다음의 4가지 M이 문제다.

독점(Monopolies) : 몇몇 대형 기업들이 반(牛) 독점적 지위를 점한 채 자신들에 의존해야 하는 불운한 이들을 착취하고 있다. 그럴수록 기업들에는 주가 상승이라는 보상이 따른다. 국가 실물 생산의 근간을 떠받치는 소규모 영농인들이 그런 착취의 대상이 되고 있다.

중간상인(Middlemen) : 중간상인들이 돈을 빨아들이고 있다. 특히 제조업자들이 막강한 중간단계인 슈퍼마켓, 시장 상인, 광고주 등에게 힘을 잃어가고 있다. 포장사업자(packager)들은 비좁은 콘크리트 방에서 잠자며 24시간 교대제로 일하는 니카라과 여성들이 만든 20센트짜리 진바지에 디즈니 상표를 붙여 뉴욕이나 런던에서 20달러, 30달러에 팔아먹는다.

돈(Money) : 어떤 상품도 돈 그 자체와는 경쟁이 안 된다. 거의 무한대로 신용을 쓸 수 있는 이들은 자연스런 절차를 거쳤을 때 나올 낮은 수익률보다 한결 높은 수익률을 올려주겠다고 제안한다. 따라서 우리는 고수익성을 요구하게 되고 굽힘 없는 성장세가 꺾이기 시작하면 경제적 재앙이 닥칠지 모른다는 위협을 느낀다. 한 해 성장률이 2%를 밑돌게 되면 정책결정자들의 얼굴은 근심으로 새하얗게 질린다.

머독(Murdoch) : 소규모보다 대규모 것들에 특혜를 주는 세금도 있다. 부유한 기업은 갈수록 세금을 안 내는데 가난한 사람들은 내야 한다. 전세계적으로 거의 세금을 내지 않는 대기업 가운데는 루퍼트 머독의 언론기업이 있다. 더 나쁜 것은 부유한 채무자들이 가난한 채무자보다 상대적으로 낮은 이자율이 적용된다는 것이다(p142 참조).

미쳐버린 돈이 낳은 결과가 온통 우리를 둘러싸고 있다. 몽타주 합성사진 같은 장소, 문화, 갈수록 심화되는 종속성, 그리고 파산하고 자살하는 전세계의 농부들……. 인도의 농부들은 다국적 종자기업들과 고리대금업자에 너무 엄청난 빚을 진 나머지 미래에 대해 어떤 희망도 가질 수 없게 됐다.

1980년부터 1997년까지 상품가격 변동
설탕 : 73% 인하
코코아 : 58% 인하
고무 : 52% 인하
쌀 : 51% 인하
목화 : 35% 인하
구리 : 30% 인하

반다나 시바
『도난당한 추수 : 국제 식품공급 강탈 역사』

추상성

포스트 자폐증 경제를 향해

"우리가 지식에 빠져 잃어버린
지혜는 어디 있을까?
정보에 빠져 잃어버린
지식은 어디 있을까?"
-T. S. 엘리엇

숫자가 인간 진실의 복잡성을 총체적으로 드러내기엔 역부족인데도 우리 사회는 딱딱한 수량적 기술을 높이 평가한다. 반면 인간을 다루는 소프트한 기술은 갈수록 평가절하되고 있다. 그것이야말로 우리의 비극이며 그토록 많은 기본적 비효율성과 실수의 근원이다.

빈곤해져버린 학문들 가운데서도 경제학이 가장 큰 피해를 입고 있다. 돈의 움직임을 이해하려는 윤리철학에서 비롯된 경제학은 현실세계와는 거의 관계도 없는 공식과 통계로 점철된 기괴한 추상적 사업이 돼버렸다. 인간이 사실 항상 자신의 이익만 추구하지는 않는다는 것을 모두가 다 아는데도 경제학의 모든 것이 이 작은 거짓말 하나에 의존하고 있다. 진실을 억압하는 숫자의 횡포 때문에 2000년 '포스트 자폐증 경제' 캠페인을 벌였던 프랑스 경제학도들에 따르면 일종의 자폐증이 나타났다.

「르 몽드」지는 2000년 9월 이런 기사를

실었다.

"처음에 그것은 거의 기밀에 가깝도록 조심스런 움직임이었다. 이제 그것은 중요한 논쟁의 소재가 돼 경제학자 집단에 활기를 불어넣어주고 있다. 대학에서 가르치는 경제학은 재고돼야 하는 것 아닌가?"

소규모 학생집단이 경제학에서 '통제되지 않은 수학을 사용' 하는 데 대해 웹(web) 상에서 저항을 시작했다. 그들은 "수학은 그 자체가 목표가 돼" 경제학을 실생활과는 아무 관련이 없는 추상성이 지배하는 "자폐적 과학"으로 변모시키고 있다고 주장했다.

경제학이 실제 세상과의 새로운 연결고리를 가져야 한다고 주장하는 탄원서는 2주 만에 프랑스의 주요 대학을 비롯해 여러 곳에서 150여 개의 서명을 받아냈다.

곧 프랑스 전역의 신문과 방송들이 이 이야기를 다루기 시작했고 중견 교수들 사이에서 이와 유사한 탄원운동이 자체적으로 일기도 했다. 가을쯤 되자 캠페인은 소르본 대학에서 중요한 논쟁을 불러일으켰다. 자크 랑 프랑스 교육부 장관은 위원회를 구성해 실태 조사에 착수, 경제학 교육을 변화시킬 방안을 마련하겠다는 약속을 하기에 이르렀다.

그때쯤 프랑스와 미국 경제학자들 간에는 신랄한 문건들이 오갔다. MIT가 반대탄원에 착수했고 케임브리지 박사과정 학생들이 기묘한 '포스트 자폐증' 탄원서를 준비했다. 서명자들이 모두 자신들의 미래 경력에 누가 될까 두려워 실명을 쓰지 않았다는 점에서 이례적인 사건이었다.

포스트 자폐증 경제운동은 아직 광범위한 대중 논쟁을 이끌어내는 데는 실패하고 있다. 하지만 사람은 누구나 개인이며 인간행동은 일련의 수학적 등식으로 요약될 수 있다는 이전까지의 그 난공불락의 사고방식에 첫 번째 일격을 가했다는 점만은 분명하다.

위조
위조지폐에 대한 징벌

진짜 금이 없다면
위조된 금도 있을 수 없다.
- 수피교도들의 금언

영란은행은 1694년 은행지폐를 흑백으로 찍어내기 시작했다. 곧 전국이 위조지폐로 뒤덮였고 은행은 특별 투명무늬 종이를 스웨덴에서 사와야 했다. 그런가 하면 스코틀랜드 왕립은행은 오후의 흐릿한 빛에서 실수를 해 귀퉁이가 떨어져나간 동전을 받게 될지 모른다는 두려움 때문에 겨울엔 일찍 문을 닫아야 했다. 양면이 컬러로 인쇄된 은행지폐를 처음 생각해낸 이들이 그들이었다.

대부분의 영국 은행과 모든 미국 은행이 자기 은행권을 직접 발행하던 시대에 은행원 노릇은 고달팠다. 각양각색의 화폐 수천 종이 유통됐기에 미국 상점들은 유통 중인 3만여 종의 화폐를 구분하기 위해 '만국 위조 탐지기'라 불리는 커다란 책을 돈 서랍 옆에 꼭 갖춰둬야 했다.

이처럼 '살쾡이 은행'*이 횡행하던 시절 와일드 웨스트**에선 누구라도 은행을

*1863년의 은행법 저정 이전에 거의 제한없이 설립돼 지폐발행을 남발한 은행

5장 미친 돈 **181**

설립해 돈을 찍어내고 필요한 물건의 값을 지불한 뒤 사라지면 그만이었다. 살쾡이 은행업이 그렇게 나쁜 것만은 아니었다. 이로 인해 전통적 은행에서는 대출이 불가능했을 가난한 농부들도 돈을 만져볼 수 있게 됐다. 하지만 이는 미국 영화 「멋진 인생(It's a wonderful life)」에서 본 은행 파산 행렬을 2세기 동안 가져왔다. 1862년 미 정부가 '그린백'*** 을 발행하기 시작하자 살쾡이 은행 시대는 끝이 났다. 하지만 위조마저 끝난 것은 아니었다.

역사상 최대 규모의 위조는 나치 경제 전쟁의 아슬아슬한 한 부분이었다. 그들은 영국 경제를 물에 떠내려가게 할 목적으로 포로수용소에서 1억 3,500만 파운드에 달하는 위조지폐를 찍어냈다. 계획이 비현실적인 것으로 판명되자 위조지폐는 대신 무솔리니 구출 같은 거액을 지불해야 하는 프로젝트에 사용됐다.

희한하게도 이런 구식의 화폐 위조는 증가하는 추세다. 주로 컴퓨터를 이용한 위조지폐는 1997년 610만 달러 규모에서 이후 꾸준한 증가세를 보이고 있다(해마다 영국 은행가들은 세탁기를 통과한 뒤 위조된 것으로 보이는 8만 파운드에 이르는 완벽한 지폐를 몰수, 날마다 영국에서 회수되는 6톤가량의 낡은 지폐와 함께 폐기처분하고 있다).

하지만 그렇다면 무엇이 가짜인가? 부채는 상환될 거라는 사람들의 신뢰가 미 달러 가치를 담보하는 현실에서 그런 현실 자체가 문제일지도 모른다. 은행 발행 지폐가 몇 달이 멀다하고 교체되고 동전은 쓰기 불편한 화폐가 돼

**개척시대의 미 서부
***미 정부 발행의 법정지폐, 뒷면이 녹색인 데서 이름이 유래됐다.

버린 지금 돈에 관한 한 현실과 비현실의 세계는 묘하게 겹쳐진다. 예를 들어 보자.

- 미국에선 날마다 25만 달러가량의 위조지폐가 새로 나타난다.
- 한때 은행권 지폐는 회수되고 난 뒤 화학비료로 전환되곤 했지만 요즘의 폴리머 플라스틱 화폐는 녹여서 플라스틱 일륜차(一輪車)의 재료로 쓰이게 됐다.
- 실수로 50펜스짜리 동전을 600만 개나 주문한 한 영국 은행은 비싼 보관 비용을 들여 이를 갖고 있느니 차라리 쓰레기 매립지에 갖다 버리자고 논의했다.
- 파커 브라더스*가 '모노폴리'**에 쓸 수 있도록 찍어내는 돈이 이미 미 연방준비은행에서 발행하는 진짜 돈보다 훨씬 많아졌다. 지금껏 발행된 모노폴리 돈을 한 줄로 쌓으면 1,100마일이 넘을 것이다.
- 온라인에선 진짜와 똑같아 보이는 100만 달러짜리 지폐를 단돈 10센트에 살 수 있다.
- 2003년 한 해에만 2억 2,000만 달러에 달하는 모조지폐가 라스베이거스 영화 촬영장 위에서 흩뿌려져 지나가던 행인들이 이를 사용했다.

* 유명한 게임업체
** 보드게임의 일종

데이비드 싱클레어
『파운드 : 자서전』

대폭락 1
튤립 마니아부터 남해거품사건까지

"기업이 견조한 기조를 유지하고 있을 때는 투기꾼 때문에 버블이 생겨도 위험하지 않다. 하지만 기업이 투기의 소용돌이에서 버블이 될 때 상황은 심각해진다."
-J. M. 케인스
『고용, 이자, 화폐의 일반이론』

화폐 시스템은 필요한 자본을 조달하기 위해 기업이 발행한 주식에 사람들이 투자하기 때문에 작동하는 것으로 간주됐다. 그 같은 상황이 지금은 뒤집혔다. 우리는 종종 증시를 통해 자본을 조달하기도 하지만 지금은 투기를 통해 한탕하는 일이 전세계적으로 24시간 내내 광범위하게 증시를 차지하고 앉은, 더 지배적인 주제가 돼버렸다(p65 참조).

종종 한탕주의는 보이지 않는 경계선을 가로질러 평온한 상황을 뒤집어엎고 국가를 무정부주의의 위협에 내맡기는 광기를 발산한다. 18세기 초『걸리버 여행기』의 저자 조너선 스위프트는 투기의 배후에서 이를 조종하는 막강한 권력자들에 대한 통렬한 비평을 출판했다가 체포될 뻔하기도 했다.

하지만 그때쯤엔 이미 한 사회를 미지의 부에 대한 꿈에 들떠 날뛰게 만들었다가 일순간 폐허로 만들어버리고 마는 금융 '버블'의 희한한 효과가 분명해져 있었

다. 1630년대 네덜란드의 '튤립 마니아*'는 현대 사회의 첫 버블이나 다름없었다. 튤립 도매상인들이 튤립 구근 가격의 등락을 놓고 투기를 벌였고 투기가 걷잡을 수 없는 상황으로 번졌을 때 도매상인들은 이미 벼락부자가 돼 있었다.

2세기가 지난 뒤 『대중의 미망과 광기』의 저자 찰스 매케이는 '귀족이건, 시민이건, 농부, 상인, 선원, 하인, 하녀건, 심지어 굴뚝 청소부나 늙은 침모건 가릴 것 없이 튤립에 투자하게 된' 과정을 묘사했다. "모든 계급의 사람들이 자신의 재산을 현찰로 바꿔 이를 꽃에 투자했다. 집과 땅이 형편없이 낮은 가격에 매물로 나오거나 싼 가격에 양도됐고 그 돈은 모두 튤립 마트로 향했다. 외국인들도 똑같은 광기에 사로잡혀 전방위에서 네덜란드로 돈이 쏟아져 들어왔다. 생필품 가격이 차차 다시 올랐고 집과 땅, 말과 탈것, 기타 모든 종류의 귀중품 가격도 이에 보조를 맞춰 뛰어올랐다. 이에 따라 네덜란드는 플루터스**의 대기실이 된 듯했다."

정원에 심으려고 사둔 튤립 구근의 가격이 놀랄 만한 수준이 됐고 그 가운데서도 희귀한 것들은 투기 목적으로 거래됐다. 튤립 구근을 실수로 양파인 줄 알고 사서 먹어버린 뒤 커다란 집 한 채를 먹어치운 셈이 됐음을 뒤늦게 깨달은 사람들의 이야기가 떠돌았다.

그러다 갑자기 시장이 붕괴되기 시작했다. 투기꾼은 망하고 귀족들은 재산을 저당잡혀야 했다. 다들 다시는 그런 일이 일어나게 놔두지 않으리라고

---

*튤립 구근 투기 붐과 그 버블 붕괴
**그리스 신화에 나오는 부(富)의 신

다짐했다. 하지만 언제나 똑같은 방식으로 그런 일이 되풀이된다. 새로운 기술이나 경제적 돌파구가 시장의 반응을 영원히 뒤바꿔버리리라는 믿음이 피어난다. 회의적인 사람들은 공격적인 비웃음의 대상이 되고 유용한 프로젝트를 위한 펀드는 바닥이 난다. 이번엔 뭔가 다를 거라는 확신이 생겨난다.

스코틀랜드의 은행가 존 로는 1717년 프랑스 정부를 설득해 '방크 로얄'이라는 은행을 설립한 뒤 자신이 투기를 위해 세운 '미시시피 회사'의 이익을 담보로 많은 양의 화폐를 찍어낸다. 파리의 증권거래소에서는 몸을 팔아서라도 그의 회사 주식을 살 권리를 얻으려는 사람들 때문에 폭동이 일어날 지경이었다. 미시시피 회사는 성공작이 되고 로는 프랑스 국가 부채를 모두 떠안아 운용하는 데 동의, 이를 증권으로 바꿔 세상에서 가장 부유한 인물이 됐다.

자신의 괴물이 추진력을 다 써버렸을까 두려워한 그는 인부를 고용해 파리를 가로질러 행진하게 함으로써 남미에서 금광을 캐려는 계획을 과시했다. 하지만 이는 제대로 되지 않았다. 1720년 거품이 붕괴됐고 로는 피신해 베니스에서 빈곤 속에 생을 마감했다. 프랑스 귀족계급과 중산층이 허물어졌고 이로 인해 프랑스 혁명의 기틀이 놓였다.

비슷한 시기에 런던의 '남해회사(South Sea company)'는 영국 국채를 인수하고 있었는데 이 회사 주식에 대한 투기로 회사가치가 10배 이상 뛰어올랐다. 이를 모방한 회사들이 '영구적으로 작동하는 기계'를 개발하거나 머리카락을 거래하거나 말을 보험에 들게 하거나 '곧 드러날 막대한 이득의 유지·담보' 등 기상천외한 사업계획을 들고 이 난투극 속에 뛰어들었다.

남해회사 회장 및 몇몇 경영진이 주식을 다 팔아버리자 거품은 붕괴되기 시작했고 거지에서 부자가 됐던 사람들은 결과적으로 정반대의 재앙에 빠지게 됐다. 적기에 주식을 팔아치웠던 극소수 가운데는 토마스 기(Thomas Guy)라는 자그마한 서점 주인도 있었다. 그는 재앙을 피하고 새로운 부를 거머쥔 데 너무나도 감사한 나머지 런던에 '기 병원'을 설립했다.

다음 세기엔 1840년대 철도 주식에 대한 투기가 일어나 막대한 재앙을 초래했으며 50년 뒤엔 다시 영란은행이 아르헨티나 주식에 대한 투기로 파산 위기에 몰린 베어링스 은행을 구해줘야 했다. 기타 등등.

거품이 한 번씩 꺼질 때마다 걷잡을 수 없는 원망과 함께 규제가 생겨났다. 하지만 이는 결코 거품 재발을 막을 수 없을 것처럼 보인다. 중요한 한 가지가 생략됐기 때문이다. 찰스 매케이는 철도 거품의 시기에 남해거품사건을 언급하며 이렇게 썼다. "아무도 사람들의 과신(過信)과 탐욕을 탓하지 않는다. 이익을 향한 치사스러운 욕망과 그토록 숱한 사람들을 광기에 가까운 열망으로, 교활한 음모가들이 쳐둔 올가미로 뛰어들게 만든 어리석은 미망. 그런 것들은 한 번도 지적되지 않았다."

지금도 마찬가지다.

에드워드 챈슬러
『악마는 가장 후디를 친다 : 금융투기의 역사』

대폭락 2
1929년 월스트리트

미국의 현 상황을 개관함에 있어 지금까지 소집된 어떤 국회도 현재보다 더 희망찬 전망을 가지고 만난 적이 없다.
- 1928년 미 대통령 캘빈 쿨리지. 이로부터 1년도 안 돼 대폭락이 일어났다.

거의 모든 세대가 자신의 상황만은 안전하다고 믿는다. 1912년 타이태닉 호를 만든 이들이나 이듬해 미 연방준비제도를 구축한 이들의 예를 들어보자. 1920년대 무렵엔 미 연방준비제도가 이자율 통제와 국채 매매로 완벽한 금융 안전망을 제공하고 있다는 믿음이 폭넓게 받아들여졌다.

헨리 포드의 '생산라인'과 프레드릭 테일러*의 가공할 만한 '초시계'가 도입되던 시대였다. 현대적 공장과 시간과 동작에 대한 새로운 이론이 짝을 이뤄 경영학에 새로운 '과학'이 창출됐다고 믿어졌다. 세금과 금리 인하는 말할 것도 없고 생산성 향상, 다루기 쉬운 노동조합, 라디오 등의 신기술이 주식시장을 달아오르게 하던 시기였다. 시장은 멈추지 않을 것 같았다. 세계 경제학계를 이끌던 어빙 피셔 교수가 1928년 무렵 "주가가 영구적으로 높은 고지에 올랐다"고 믿은 것도 무리가 아니

---
*과학적 관리를 통한 생산성 향상을 주창한 미국의 경영학자

었다.

　주식을 거래하는 거대한 새로운 산업이 더 빨리 새것들을 시장에 내놓기 위해 경쟁하고 있었다. 1928년과 29년 600여 개에 달하는 새 증권회사가 월스트리트에서 문을 열었다. 1929년의 첫 아홉 달 동안 날마다 새로운 투자회사가 하나씩 생겨나 대중을 상대로 25억 달러어치의 증권을 공모했다. 그 가운데 절반가량은 곧 종잇조각이 될 터였다. "우리가 새로운 시대에 살고 있다는 것을 인정하지 않고서는 아무도 지난 6년간 비즈니스와 금융 분야에서 일어난 파노라마를 제대로 검토할 수 없다"고 신용평가회사 설립자인 존 무디가 말했다.

　누구나 과실의 일부를 향유하길 원했다. 브로드웨이의 호텔에는 전통적인 브로커들이 승인하지 않았는데도 부유한 여성들이 주식투자를 할 수 있는 특별 룸이 마련됐다. 제너럴 모터스 이사 존 라스콥은 1929년 8월호 「여성 가정저널」에 10년 전 GM에 1만 달러를 투자했다면 지금 150만 달러가 돼 있으리라는 내용의 긴 에세이를 게재하며 '누구나 부자가 돼야 한다'는 제목을 달았다.

　잃을 수가 없었다. 주식투자를 하기 위해 25만 달러를 빌린 그루초 막스에 따르면 투자자문도 받을 필요가 없었다. "눈을 감고 손가락을 주식 시세판에 대기만 하면 사들인 주식이 뛰어오를 것이다."

　위험했다. 사람들은 시장이 계속 상승하리라 믿으며 돈을 빌려 투자했다. 주식을 담보로 투자자금을 빌리는 '마진 론(신용융자)'이 횡행했다. 시장이 방향을 틀면 파국적인 결과를 초래할 만했다.

증시는 1929년 9월 초 고점을 찍었다. 그리고 10월부터 시장은 끔찍하게 기울어지며 미 전체 투자 가치의 83%를 까먹었다. 시장이 기우뚱거릴 때마다 신용융자를 담보한 주식이 가치를 잃으면서 투매와 가슴 아픈 도산의 악순환이 이어졌다. 그루초 막스, 어빙 베를린, 윈스턴 처칠 등이 재산을 탕진한 이들 명단에 이름을 올렸다. 어빙 피셔도 마찬가지였다.

몇 년 후 케인스는 이렇게 말했다. "우리 스스로 거대한 진흙탕 속에 얽혀들었다. 어떻게 움직이는지도 이해하지 못할 정교한 기계장치의 통제 속에서 거대한 실수를 저지르고 말았다."

1933년 미 의회는 대폭락이 다시는 일어나지 않도록 시중은행과 투자은행 간에 엄격한 방화 벽을 치는 것을 골자로 하는 '글래스-스티걸 법안'을 통과시켰다. 그들은 1990년대 닷컴 호황 때 부지런히 이를 철회했다. 우리는 아직도 올바른 규제의 결정적인 중요성을 제대로 이해하지 못하고 있다.

존 케네스 갤브레이스
『1929년 증시 대폭락』

대폭락 3
정크 본드

신사 숙녀 여러분, 요점은 이겁니다. 더 나은 용어가 없을 만큼, 탐욕, 그것이 좋은 것이며, 탐욕이 옳으며, 탐욕이 성취해낸다는 것입니다.

-고든 게코, 영화
「월스트리트」(1987년)에서.

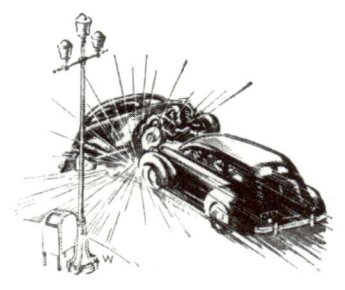

1980년대 뉴욕, 도쿄, 런던에서 일어난 탐욕의 폭발은 부분적으로 마거릿 대처와 로널드 레이건의 규제폐지 정책의 결과이지만 상황이 점차 달아오르는 가운데 이를 전면적인 시련으로 바꿔버린 것은 정크본드*였다.

채권이란 단순히 대출에 대해 일정한 금액을 일정한 날짜에 상환하겠다는 약속이다. 정크본드는 투자등급 채권보다 위험이 높은 것을 말한다. 그 위험이란 채권발행자가 지불하지 않을 위험이다. 동전의 윗면으로만 보자면 정크본드는 MCI, 비아콤, 터너 브로드캐스팅 등의 최신 대기업을 포함, 전통적 방식으로는 시장 지원을 받을 수 없을 기업들이 스스로 재원을 조달할 수 있게끔 도와주는 수단이어서 그 대가로 높은 수익률을 제시한다. 하지만 동전의 아랫면을 살펴보면 이중 일부는 극히 위험하다. 1987년 대폭락 발생 이틀 후 나온 한

*신용등급이 낮은 기업이 발행하는 고위험·고수익 채권

정크본드의 발매안내서 첫 페이지에는 이렇게 적혀 있었다. "이 증권은 위험이 높기에 투자자들은 투자금액 전액을 잃을 수도 있습니다."

하지만 그건 문제도 안 됐다. 1977년 첫 번째 정크본드가 발매되고 난 후 발매된 채권의 3분의 1 정도가 정크였다. 혁명은 '정크본드의 황제'로 로스앤젤레스에서 드렉셀 번햄사를 이끌었던 마이클 밀켄을 특별 우대하며 찾아왔다. 그의 새로운 기법은 잘 알려진 기업인 TWA, RJR 나비스코 등에 대한 적대적 기업인수의 물결을 일으켰다. 이는 역사상 가장 성공적인 경영학 서적의 하나인 『문간에 선 야만인들』에 잘 극화돼 있다.

이는 소위 '차입매수 방식(LBOs : Leveraged Buy-Outs)'으로 알려져 있다. 기업 사냥꾼이 하는 일이라곤 인수하려는 기업의 이용 가능한 신용을 이용해 그 기업의 이름으로 정크본드를 발행하는 것뿐이었다. 부채를 신중하게 자제해온 기업이 주요 타깃이 됐다. 일단 기업사냥꾼이 회사를 인수해 수익이 날 만한 분야를 팔아치우고 난 뒤에는 어마어마한 부채의 이자 부담을 감당하기 위한 가혹한 구조조정이 필요해졌다. 이 와중에 수십만 명의 노동자가 직장을 잃었다.

밀켄의 드렉셀 번햄 고수익 채권회의는 '약탈자의 축제'로 알려지게 됐다. 가장 중요한 참석자가 밀켄의 정크본드를 이용하는 기업사냥꾼이었기 때문이다.

밀켄은 보도된 바에 따르면 1987년 한 해에만 5억 5,500만 달러를 벌어들이며 엄청난 부자가 됐다. 하지만 그 무렵 연방 검사들이 수사에 나섰다. 1987년의 대폭락은 순식간에 월스트리트 기업 가치의 4분의 1을 앗아가버렸다. 연방 대배심은 1989년 98건에 이르는 사기와 협잡 혐의로 밀켄과 다른 몇몇을 기소했다. 1년 뒤 그는 10년형을 선고받았다. 그는 2년간 복역하고 나왔지만 평생 금융 서비스업에 종사하지 못하게 된 채 여생을 자선단체와 싱크탱크 네트워크를 관리하며 보내고 있다.

> 정크본드 잠언 : "탐욕은 어쨌건 괜찮은 것이다. 탐욕을 부리면서도 스스로를 괜찮게 느낄 수 있다." 이반 보스키, 1980년대 투자로 80%의 수익을 올렸다가 결국 수감되고 만 인물이다.

제임스 그랜트
『번영의 문제점』

대폭락 4
닷컴 대폭발

> 그 어느 때라도 지난 10년간 뉴욕과 런던에서 그랬던 것처럼 그토록 수두룩한 24세의 어리숙한 청년들이 그렇게 짧은 시간에 그토록 큰 돈을 만진 예가 없었다.
> -마이클 루이스,
> 『거짓말쟁이의 포커게임』

1990년대 후반의 기술주(tech stock) 붐은 고전적 버블의 특징을 다 갖추고 있었다. 기술 개발이 경제를 완전히 새롭게 재편할 것처럼 보였고 이와 같은 것은 아무데도 없을 것처럼 여겨졌으며 언론은 회의론자들을 비웃었다. 잠깐 동안은 숱한 사람들이 닷홈(@HOME) 같은 웹사이트가 순식간에 록히드 마틴만큼의 가치에 도달하게 됐고, 인터넷 증권거래 사이트인 이트레이드(E*Trade)가 거물 아메리칸 에어라인만큼의 가치를 지니게 됐다는 것을 믿는 듯했다.

그 자그마한 AOL이 거물 미디어왕국 타임 워너를 집어삼켰다. 역사를 통틀어 가장 피해막심한 합병의 하나였다. 그 닷컴 기업들이 지금은 대부분 사라졌고 이트레이드조차 벽돌 회반죽 보관소를 열려고 하는 판이다.

대폭락의 와중에 극소수의 기업만이 살아남았다. 아마존, 이베이, 라스트미닛 닷컴과 기타 몇몇 정도. 나머지는 다들 휩쓸

려 가버렸다. 투자금을 회수할 수 있는 뚜렷한 사업계획도 없는 혈기방장한 20대에게 돈을 맡기지 못해 기를 썼던 투자자들의 모든 생각은 불과 몇 년밖에 버티지 못했다.

하지만 다시 한번 거품에 사로잡힌 이들은 이번엔 모든 것이 다르다고 믿었다. "오늘날 '밸류에이션(가치평가)'이란 단어에 우리는 단 하나의 일반적인 대답만 가지고 있다. '강한 시장(bull market)'이 그것이다"라고 소위 '인터넷 여왕'이라 불리던 모건 스탠리의 매리 미커는 말했다. "우리는 새로운 밸류에이션 지대로 들어선 것이다."

미커는 제일 잘 나가던 1999년 투자자문의 대가로 모건 스탠리에서 1,500만 달러의 연봉을 받기도 했다. 문제는 월스트리트에서 투자자문을 다른 은행업과 분리해왔던 죽의 장벽이 사라져버렸다는 것이었다. 다른 기술주 담당 애널리스트들은 이제 전도유망한 기업을 발굴하고 전략회의에 참석하며 새 기업을 공개하는 활동 등을 통해 암시적으로 자기 주식을 팔아치우는 데 유리한 자문을 할 수밖에 없게 됐다. 대부분의 월스트리트 애널리스트들의 보수는 자신들이 관여한 거래와 관련돼 있었다. 이해관계에 초연한 투자자문이란 더 이상 있을 수 없었다.

그러는 동안 익명의 인터넷 게시판은 초점 없는 닷컴 프로젝트를 과대 광고하느라 여념이 없었으며 광기로 넘쳐났다. 이성이 되돌아올 즈음 IT 산업은 오래전 남해 거품 스캔들과 동등한 것으로 인해 몇 배나 더 고통받게 됐다.

닷컴 스캔들의 이면엔 텔레콤 재앙이라는 기이한 이야기가 숨어 있다. 데이터 트래픽(data traffic)이 서너 달 만에 두 배씩 증가하리라는 막연한 예상에

겁을 집어먹은 전세계 텔레콤 업체들은 최대한 빨리 광학섬유 케이블망을 갖췄다. 지난 5년간 여기 들어간 돈은 4조 달러에 육박했고 적어도 그 가운데 절반은 대출로 충당됐다(미국 경제 총산출 규모가 10조 달러가량이다). 이 엄청난 대출에 대한 이자부담과 제3세대 핸드폰 라이선스 취득을 위해 영국에서 지출된 어마어마한 금액 때문에 텔레콤 업계의 거물들이 비틀거리기 시작했다. 이는 결국 전세계적으로 50여만 노동자의 강제 해고로 이어졌다.

닷컴 기업들, 텔레콤 업체들, 엔론-닷컴 기업이라고 주장해온-등의 이익을 부풀리는 이상한 회계관행이 합쳐져 세기의 전환기를 월스트리트 사상 가장 기묘한 시기의 하나로 만들었다.

JP 모건 체이스와 시티그룹이 엔론 사기에 관여한 대가로 내야 했던 벌금 : 2억 8,600만 달러
지난 5년간 그들이 엔론에서 받은 수임료 : 3억 달러

존 캐시디
『Dot.com : The real story of why The internet bubble burst』

대폭락 5
파생상품

파생상품이야말로
대량파괴를 위한 금융 도구다.
-워런 버핏, 2003년 3월 17일
「포춘」지
'세계에서 가장 성공적인 투자자'

아마도 다음번 대폭락의 세계로 인도할 현대의 가장 난해한 금융 도구를 소개하겠다. 파생금융상품은 정말 복잡해 실재하지 않는 것이라면 무엇이든 커버한다. 미래의 일정 시점에 정해진 가격으로 원자재를 살 권리, 다른 사람에게 보상받지 않고도 위험을 상쇄할 수 있도록 하는 방법 등. 파생상품은 성장률과 관련된 것이 아니라 성장의 성장률, 다시 그 두 번째 성장의 성장률과 관련된 것이다.

파생상품이란 위험을 상쇄하는 것과 관련된 모든 것이다. 이는 주식 자체보다 주식에 관련된 옵션을 사들이는 것이어서 기업엔 한층 유용할 수 있다. 하지만 파생상품 거래가 잘못되는 날에는 손실이 몇 배나 더 커질 수 있기에 이 역시 재앙이 될 수 있다.

1990년대 초반 첫 번째 말썽의 기색이 독일 회사인 메탈게젤샤프트를 강타했고 잇달아 카길, 프록터 & 갬블, 일본 다이와 은행, 캘리포니아 오렌지 카운티 등에서도 족족 억대의 손실이 발생했다. 1995년 닉 리슨*이 급등하는 일본 주식시장에 일생일대의 도박을 감행했다. 225년 역사의 베어링스 은행을 순식간에 파산시켜버리기 전이었다.

최고의 두뇌를 가진 시장 리더들이 운영하던 롱텀 캐피털 매니지먼트사(LTCM) 얘기도 빼놓을 수 없다. 이들의 아이디어는 투자 보호를 위한 위험 헤지기법 등을 동원해 빌린 돈 30억 달러로 1조 2,500억 달러어치의 파생상품에 투자하는 것이었다. 하지만 1998년 러시아 정부가 채무지불 불능을 선언하는 위기 상황이 닥치자 이들의 복잡한 수학적 예측은 완전히 뒤집혔고 그들은 곧 하루에 5억 달러씩 손실을 보게 됐다. 미 연방준비제도는 국제금융 시스템에 미칠 영향을 우려해 36억 달러의 구제금융을 지원했다.

그런 일이 있고 나서도 2001년에는 월스트리트 한곳에서만 44조 달러라는 천문학적 금액이 파생상품에 투자됐으며 그 절반 이상이 막강한 은행 JP모건 체이스의 창구로 들어왔다. 투자 대상에는 향후 2년 반 동안 전세계 산출량을 좌지우지할 만한 금에 대한 옵션들도 포함됐다.

영란은행도 국제 금융 안정에 위협이 되고 있다고 경고했다. JP모건 체이스 파생상품의 파급효과를 전망해보자. 2000년부터 2003년 사이의 전세계 주식시장 손실액은 고작 7조 달러였다. 은행이 예민해졌을 것임은 자명하다.

하지만 위험이 모호하게만 느껴지는 것은 파생상품 전문가들은 파생상품을 이용해 시장이 떨어져 내릴수록 돈을 벌도록 설계된 비밀스런 헤지펀드

---

*당시 베어링스 은행 싱가포르 주재 파생상품 거래 담당 직원

뒤로 숨어버리기 때문이다. 아무것도, 심지어 누가 운용하는지도 공개되지 않는다. 헤지펀드는 역외 금융센터에 등록돼 있기 십상이며(p80 참조) 최고의 부유층만을 상대로 거래되기 때문이다. 펀드 매니저는 펀드 총액의 1%와 자신이 올린 이익의 20%를 보수로 가져가기 때문에 투기적 운용을 할 수밖에 없다. 오늘날엔 가장 유명한 헤지펀드 매니저들인 조지 소로스, 줄리안 로버트슨, 바튼 빅스 등이 훨씬 은밀하고 규제에 구애되지 않는 새로운 세대의 계승자들 쪽으로 옮아가고 있다.

그들 중 일부는 이미 어마어마한 야심을 보였다. 소로스는 영국을 유럽 통화제도에서 이탈시킨 1992년 검은 수요일의 파운드화에 대한 대공세를 주도해 20억 달러를 챙겼다. 오스트레일리아 달러를 공격했던 1998년 금융위기 때도 헤지펀드들 간에 암묵적인 음모가 있었던 것으로 보인다. 실상 몇몇 헤지펀드 매니저들이 오스트레일리아 재무부에 저항해봤자 쓸데없다는 경고를 보내기 했다.

하지만 음모는 그보다 더 컸던가? 일부 경제학자들은 화폐가치 대폭락으로 극동 지역 전역에 입원 중이던 환자들을 병상에서 거리로 내몬 저 1997~1998년의 총체적 위기 역시 통제를 벗어난 헤지펀드 음모의 결과라고 믿고 있다. 파생상품에는 심각한 규제가 필요하다. 너무 늦기 전에

피터 템플
『헤지펀드 : 자본의 고급 매춘부』

화폐 흐름 진정시키기

토빈세

> 세계 금융시장의 붕괴는 상상할 수 없는 결과를 초래한 파국적인 사건이었다. 현 체제를 지속시키느니 다른 것을 상상하는 쪽이 더 쉽게 됐다.
> -조지 소로스,
> 『소로스가 말하는 소로스』

금융 당국은 막대한 돈-하루에 2조 달러에 달하며 그 대부분이 투기의 산물인-이 금융 시스템을 가로질러 이리저리 넘나들며 송금되는 것이 경제제도를 한층 효율적으로 만든다고 믿고 있다. 트레이더들은 효율적인 정부에 대해 그 정부의 화폐를 사는 방식으로 재빠르게 반응하며 비효율적인 화폐에 대해선 또한 그만큼 재빠르게 이를 구축하고 만다.

그 가운데서도 조지 소로스와 퀀텀펀드는 1990년대 세계에서 가장 유명한 헤지펀드 2인조였다. 소로스가 닷컴 활황기에 대응 시점을 잘못 예측하는 바람에 큰 손해를 보곤 적극적인 관리에서 손을 떼기 전까지는. 소로스는 시스템 내부의 불안정성이 야기할 위험에 대해 온 세계에 경고한 최초의 내부자 가운데 하나였다. 시장이 안정돼 있을 때보다 난폭한 흐름 쪽으로 방향을 틀 때 트레이더들은 더 많은 돈을 번다.

세계 금융시장들 간의 위험한 상호연결

(p65 참조)이나, 시장이 일정 수준 이상 떨어지면 자동적으로 주식을 내다 팔 게끔 프로그램된 컴퓨터뿐이 아니다.

소로스는 이론 전체에 흠집이 나 있다고 생각했다. 절대균형(equilibrium)을 향해 수렴하는 성질이 없으며 오버슈팅돼 잘못된 방향으로 급격히 궤도를 틀어버린다는 것이다.

극동 지방 국가들의 화폐가 그곳 주민들을 황폐화시키는 결과를 초래하며 차례차례 붕괴됐던 1998년 위기 때 사람들은 대안을 생각하기 시작했다. 또는 최소한 자본의 흐름을 감속시킬 속도방지턱을 찾기 시작했다. 토니 블레어조차 위와 같은 결과에 맞닥뜨리자 시장에서의 '규율 부재'를 운운하기 시작했다.

여기 몇 가지 가능한 해법들이 있다.

말레이시아 해법 : 말레이시아의 모하메드 마하티르 총리는 외환관리를 재개, 나라 밖으로 가져갈 수 있는 화폐의 양에 제한을 가하기 시작했다. 이는 1979년까지 전세계에 일반적이었던 상황이다. 말레이시아의 경제회복 속도는 그 이웃들보다 빨라졌다.

콜롬비아 해법 : 지역 기업들에 외국자본이 투자는 할 수 있게 해주지만 채권이나 주식을 직접 사들이지는 못하도록 해 순식간에 팔아치우고 빠져나갈 수 없도록 했다.

칠레 해법 : 자국에 투자하는 외국자본은 의무적으로 1년 이상 자국을 빠져나갈 수 없도록 해 투기자본의 범람을 막았다.

토빈 해법 : 이는 노벨상을 수상한 경제학자인 토빈의 묘안으로 그는 외환 거래에 0.05퍼센트의 소액 세금을 매길 것을 제안했다. 이렇게 되면 투기는 잦아드는 대신 유엔의 지속가능한 개발 프로그램을 실효화하기 위해 충분한 재원을 마련할 수 있다는 것이었다.

이 같은 토빈세는 사실 대단히 논쟁적인 것이다. 토빈 스스로 중간에 마음을 바꾸기도 했다. 하지만 캐나다와 프랑스 정부는 몇 차례나 이에 대한 지지 입장을 표명했다. 주요 금융센터가 한 곳이라도 냉담한 입장을 취하면 이는 실패할 수밖에 없기에 모두의 동의가 필요하다. 하지만 트빈세로 걷어들인 재원의 절반 정도만 정부가 보유하는 게 허용된다면 이는 그들을 설득시키기에 충분한 보상이 될 것이다.

> 외환 투기가 국제경제활동에서 차지하는 비율 : 97%
> 1970년대의 비율 : 30%
> 1990년 이후 통화 또는 은행업에 주요한 위기가 일어났던 나라들의 비율 : 25%

www.ceedweb.org

새로운 억만장자
빌 게이츠의 세계

> 돈이란 퇴비와 같아서 흩뿌려지지 않으면 소용이 없다.
> -프란시스 베이컨

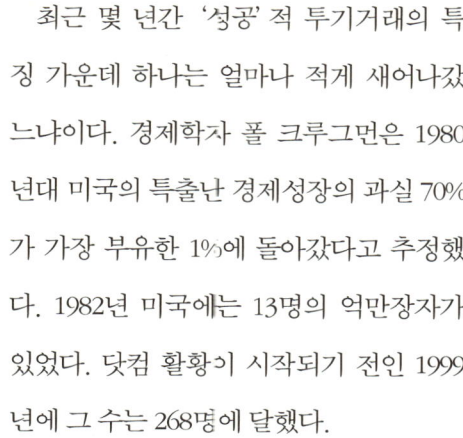

최근 몇 년간 '성공'적 투기거래의 특징 가운데 하나는 얼마나 적게 새어나갔느냐이다. 경제학자 폴 크루그먼은 1980년대 미국의 특출난 경제성장의 과실 70%가 가장 부유한 1%에 돌아갔다고 추정했다. 1982년 미국에는 13명의 억만장자가 있었다. 닷컴 활황기 시작되기 전인 1999년에 그 수는 268명에 달했다.

지구촌 전체로 봐도 유사한 불균형이 있다. 현재 하위 20%에 이르는 빈국이 국제교역에서 점유하는 비율은 1%에도 미치지 못하고 있다(한 세기 전의 4분의 1 수준이다).

엄청난 부의 일부는 우스꽝스런 '연봉 패키지 제도'의 결과로 최고경영자에게 돌아간다. 아무리 만족스럽지 못한 성과를 냈더라도. 디즈니사의 CEO 마이클 아이스너는 1998년 연봉 패키지로 5억 7,500만 달러가량을 받았다. 이는 디즈니 직원 평균 연봉의 2만 5,070배나 된다(온두라스나 방글라데시에서 디즈니 셔츠나 백을 만드

는 이들의 저임금까지 계산에 넣는다면 이는 훨씬 커진다).

부자들 가운데 이 방면에서 가장 엄청난 이득을 취한 이는 마이크로소프트 창업자 빌 게이츠였다. 윈도 2000이 출시됐을 때 게이츠의 마이크로소프트 주가는 1,300억 달러 이상 뛰어올랐다. 그의 주식 가치는 아프리카계 미국 흑인 전체가 보유한 주식 총액보다 12배나 많았다.

현장 관리자들은 가장 말단에 있는 이들의 임금을 깎을수록 보상을 더 받기에 갈수록 자신의 권리에 무지한 이민자를 찾게 되고 그 때문에 미국에서조차 평균임금이 1960년대 이후 느린 하향곡선을 그리고 있다.

이런 의문이 남는다. 부와 권력의 거대한 불균형 속에서도 민주주의는 계속 살아남을 것인가, 아니면 경제학자 제프 게이츠가 지적했듯이 시스템이 '세상을 금권정치가 보장되는 곳으로 만들' 것인가. 예를 들어보자.

- 전세계 30억 명이 하루 2달러 이하의 생계비로 살아간다.
- 세계 200대 기업은 국제경제활동의 28%를 점유하고 있지만 전세계 노동가능 인구의 0.25%만 고용하고 있다.
- 1994년에서 1999년 사이에 순자산을 두 배가량 부풀린 세계 200대 부자들은 가난한 25억 인구의 연봉을 모두 합친 만큼의 부를 보유하고 있다.
- 아프리카계 흑인 미국인들은 노예제가 폐지된 1865년 미국 전체 순자산의 0.5%를 소유하고 있었다. 1990년 무렵 이는 가까스로 1%까지 올라갔다.
- 가난한 나라에 팔리는 전투기 한 대 값이 제3세계 300만 어린이의 교육

비와 맞먹는다.

이 세상에 진정 100만 달러 이상을 벌어들여도 될 만한 사람이 있을까? 경영진은 연봉에 대한 비난 여론을 피해가기 위한 방편의 하나로 이제는 연금 수령 연수 연장 방법을 택하고 있다. 반면 그들은 직원 연금은 감축하기에 바쁘다(p139 참조). 존 스노 미 재무장관은 그의 전 직장 CSX*로부터 근속하지 않았던 19년에 대해서까지 경력을 인정받았다. 이르 인해 그는 일시불로 3,300만 달러를 받았다.

월스트리트 CEO들의 연봉

	2002년 연봉(단위 : 달러)	2002년 회사 가치 변화
'애플' 스티브 잡스	7,800만	35% 하락
'하니웰' 데이비드 코트	6,800만	27% 하락
'시스코' 존 체임버스	5,500만	28% 하락
'루슨트' 팻 루소	3,800만	75% 하락

* 미 동부 화물 운송업체

제프 게이츠 『위험에 처한 민주주의 : 월스트리트에서 메인스트리트(중심가) 구해내기』

6장
DIY 머니

우리 지역사회나 마을들이 화폐의 국제적 초고속도로 밖으로 밀려나 소외돼버린다면 어떻게 할까? 무엇보다도 그들은 자신들만의 화폐를 창출해낼 수 있다.

화폐 창출하기

화폐 창출에 따른 도전

> 오늘날 기이한 지위를 점하는 싱가포르와 홍콩은 자체적 통화를 가졌기에 내적(內的)으로 유리한 입장에 놓이게 된다. 이들 나라에는 관세나 수출보조금이 없다. 필요하면 통화가 그런 기능을 해줄 것이기 때문이다. 물론 필요한 한에 있어서만. 반면 디트로이트에는 그런 강점이 없다. 수출이 감소하기 시작했을 때 피드백을 받을 수 없었기에 디트로이트는 교정받지 못한 채 함께 쇠퇴했다.
>
> -제인 제이콥스, 『도시와 국부』 도시 통화의 유용성을 논의하면서

은행은 돈을 창출하고 정부는 현찰을 창출하며 기업은 주식을 창출한다. 그렇다면 우리 역시 우리에게 필요한 돈을 창출할 수 없을까?

이는 온전히 스스로 할 수 없는 일이다. 비록 영국 가수 데이비드 보위가 한 개인으로서는 드물게 보위 채권이라는 것을 발행해 미래 수입을 앞당겨 쓰려고 시도하긴 했지만. 하지만 돈이 한결 벌이가 좋은 곳으로 흘러가버렸기에 공동체나 지역사회, 마을, 도시 등에 현찰이 부족해지는 경우라면 스스로 통화를 발행하는 것도 이치에 닿는 일이다.

국가적 통화는 금융 서비스 분야에 맞춰 돌아가는 경향이 있다. 달러와 파운드가 그렇듯. 이런 통화는 월스트리트나 런던 시티에서 중요하다고 느끼는 가치에 장단을 맞추는 정보 시스템이긴 하지만, 예를 들어 제조업 지역이나 빈곤한 교외에선 제대로 돌지 못한다.

사회적으로 낙후된 이런 지역에서도 성

공을 위해 필요한 모든 것이 다 갖춰질 수 있다. 일하려는 사람, 일을 시키려는 사람, 이에 사용될 원자재……. 하지만 오직 한 가지 이 모든 것을 한데 엮어줄 만한 현찰이 없다. 은행 스스로가 이를 창출하진 않을 것이며 투자 자금은 런던 시티에 몰려들어 헤지펀드나 닷컴 등 무엇이 됐건 당대 유행하는 코드 속에서 함께 뒹굴기를 바랄 것이다. 자신만의 화폐를 창출한다는 것은 그런 이들이 절실히 필요로 할 상상력의 도약이다.

자신들만의 화폐 창출은 오랜 영광의 전통을 가지고 있다. 12~13세기에 이르러서야 왕들은 화폐 통제권을 독차지하려 시도했으며 그 뒤로 이와 관련된 끔찍한 변종을 만들어냈다. 미국에서는 남북전쟁이 끝날 무렵에서야 정부가 현찰 발행의 독점적인 권한을 갖게 됐다.−은행도 수표에 사인하거나 컴퓨터 키를 두드림으로써 같은 일을 할 수 있는데도 이후 '진품'이 희귀해질 때는 다음과 같은 것들이 화폐로 사용됐다.

비즈와 보석 : 초기 북미 정착민들은 24달러어치의 비즈로 아메리카 원주민들에게서 맨해튼 섬을 사들였다.

차 : 중국인들은 차가 들어 있는 사각형 상자를 이용했다. 중국어로 이는 '현찰'을 지칭하는 어원을 가지고 있다.

담배 : 전시(戰時)에 담배는 만국공통의 통화가 되곤 했다. 특히 질이 좋지 않은 것이 사용됐다(질 좋은 것은 흡연용으로 남겨졌다).

종이 : 인쇄소에서 벤저민 프랭클린이 쏟은 땀이 미 독립전쟁의 여러 원인 중 하나가 됐다.(p56 참조)

에어 마일스* : 노스웨스트 항공사는 1990년대 PR 관련 예산 전체를 에어 마일스에 쏟아부었다.

토큰 : 100만 명 이상의 회원을 거느린 아르헨티나의 '글로벌 바터 클럽' 에서는 토큰을 통화로 사용해 사람들끼리 잉여 재고품이나 채소, 기타 부조를 교환할 수 있게 한다.

시효 지난 증권 : 다섯 건의 국제교역 가운데 한 건은 이제 '트레이드 달러'** 같은 전자 물물교환 화폐로 이뤄진다.

해당 지역에서 필요로 하는 기초 생필품이 모두 갖추어져 있다면 빈곤해져 가는 마을과 공동체가 정부에서 자신들을 구해주기까지(사실 정부가 그렇게 못 한다는 것을 그들은 너무나도 잘 안다.) 손놓고 기다려야 할 이유는 없다. 스스로 화폐를 발행, 공동체의 자산을 보다 효율적으로 쓰기 시작할 수 있는 것이다.

그것이 다른 종류 화폐의 기능이다. 그것들은 지방의 자산 가치를 중앙의 거대 통화와는 다른 방식으로 측정하는 정보 시스템이다. 거대 통화는 지방의 젊은이나 노인, 노후화된 건물이나 공원을 자산으로 보지 않는다. 잘 작동 되는데도 내다 버리게 되는 컴퓨터, 백색가전, 가구 등도 실상은 자산이라는 것을 인식하지 못한다. 이런 것들에 가치를 부여할 수 있는 통화를 만들어낼 수 있다면 그 통화가 쓰일 것이다.

이는 자체통화를 개발하려는 전문가들이 당면하는 도전이다. 다양한 방면

---

*항공운임 특별할인제도
**일종의 사이버머니

에서 이를 만나게 된다. 그들은 새로운 통화가 무언가로 지지돼야 한다는 것을 잘 안다. 그 무언가란 사용하는 사람들의 신뢰일 수도, 지역에서 생산된 재생 에너지나 상품 등 지역 특산물(p219 참조)일 수도 있다. 어쨌든 이런 담보물이 없다면 아무도 그 통화를 쓰지 않을 것이다. 그들은 또한 새 통화가 유용하려면 쉽게 이용할 수 있어야 한다는 것도 잘 안다. 안 그랬다간 부자들의 전유물이 되고 말 것이다. 모든 자체통화는 방식은 다를지라도 자유롭게 이용할 수 있어야 한다(교환의 매개체)는 기능과 실재적인 것(가치의 저장수단)이어야 한다는 기능을 함께 가지고 있어야 한다. 그게 화폐의 포인트다. 실재적이어야 하며 쉽게 이용 가능해야 한다는 것.

현대 화폐는 대부분 이 두 가지 중 하나도 달성하지 못하고 있다. 실재적 근거도 없이 은행이 창출해낸 '법정불환지폐(fiat money)'이며 정부의 명령으로만 가치를 지닌다(fiat이란 말 자체가 창세기 첫째 절의 '빛이 있으라(fiat lux)'라는 말에서 나왔다). 우리는 새로운 방식으로 투자되고 지방 주민들과 소규모 사업체를 우선시하는 새로운 화폐가 필요하다. 비록 '빈즈(beenz)'나 '아이포인트(i-points)' 같은 몇몇 닷컴 인터넷 통화가 그 창조자들을 서류상 백만장자로 만들어주긴 했지만, 지역 통화를 만들어낸다고 부자가 되지는 않는다. 하지만 지역 통화는 탈진한 지역 경제를 다시 돌아가게 하고 기력을 잃은 게 뚜렷해 보이는 화폐 시스템에 새로운 가치를 줄 것이다.

토마스 그레코
『돈 : 법화(法貨)의 대안 화폐에 대한 이해와 창출』

가치가 줄어드는 돈

어빙 피셔와 스탬프 화폐

'자유화폐'의 목적은 화폐가 누리고 있는 부당한 특권을 깨부수는 것이다. 이 부당한 특권은 전통 형식의 화폐가 다른 모든 재화에 대해 막대한 강점을 지니고 있다는 점에서 나온다. 즉 화폐 가치가 불멸이라는 것이다.

- 실비오 게젤,
 가치가 하락하는
 돈(rusting money)이라는
 아이디어를 내놓았던
 아르헨티나 통상가

돈으로 생산적인 일을 하는 것보다 돈으로 돈을 낳는 게 한결 쉽다. 아르헨티나의 통상가 실비오 게젤은 1913년 그렇게 말했다. 돈은 투자하면 커지지만 실물 상품은 녹슬거나 부패해버리기 때문이다.

그는 녹슬어버리는 돈을 만드는 것이 해답이라고 말했다. 이 생각은 대공황 기간에 열광적인 관심을 끌었고 오스트리아의 스키타운 뵈르글에서 가장 극적으로 받아들여졌다. 게다가 위대한 미국 경제학자 어빙 피셔의 시선을 사로잡음으로써 녹슬어버리는 돈이 전세계적으로 받아들여졌다. 결국 권위에 위협을 느낀 세계 중앙은행들은 속속 이를 불법으로 선언했다.

결과적으로 화폐와 관련된 1930년대의 이 위대한 실험 가운데 하나만이 지금도 진행되고 있다. 스위스의 비어(Wir) 시스템, 즉 상호신용통화계획으로, 건설업계나 레스토랑 분야에서 널리 이용되고 있다. 비어는 게젤을 추종하는 베르너 짐머만과 폴 엔즈의 작품으로 1934년 시작됐다. 1993년 무렵 스위스 프랑에 연동되는 통화를 사용해 12억 파운드에 달하는 거래액과 6만 5,000여 법인 회원을 거느리게 됐다.

뵈르글은 대공황 당시 혹독한 상황에 처해 있었고 미카엘 운테르구겐베르거 시장(市長)은 3만 오스트리아 실링어치와 맞먹는 지역 통화를 발행하라고 설득했다. 이는 '서비스에 답례하는 티켓'이란 이름으로 알려져 있다. 하지만 보통 돈과 달리 이는 한 달에 1%씩 가치를 까먹는다. 만약 이를 쓰지 않은 채 가치를 유지하고 싶다면 한 달에 한 번씩 스탬프를 사서 뒷면에 붙여야 한다. 스탬프에서 얻어지는 이득은 빈민 구제에 쓰였다.

이 화폐는 놀랍도록 빠른 속도로 유통됐다. 발행된 지 24시간 만에-때로는 한 달쯤 선불로-상점이나 기업을 경유, 세금의 형태로 지방자치체에 돌아왔을 뿐만 아니라 이미 왔던 길을 한번 더 돌아와버리기도 했다. 첫 달 동안 돈은 20회나 완전회전을 했다. 넉 달이 지나자 마을은 10만 실링 규모의 공공근로를 창출해 실업자들을 고용하게 됐다. 체납된 세금도 대부분 갚아버렸다.

피셔는 오스트리아의 성공에 고무돼 어려움에 빠진 미국의 마을을 위해 '스탬프 머니(stamp script)'라는 임시화폐를 급조해냈다. 몇 달 만에 미국 공동체 300여 군데에서 역진(逆進) 이자를 물리는 자체 화폐를 찍어내기 시작했다.

1933년 4월 돌연 모든 것이 끝났다. 루스벨트 대통령은 화폐제도가 위험에 빠졌다며 스탬프 머니를 금지했고 이를 도입한 곳들에는 제도를 폐지할 수 있게 짧은 유예기간을 줬다.

그리고 난 뒤 루스벨트는 마지막으로 한번 지역화폐운동의 돌풍이 몰아칠 만한 조건을 마련해줬다. 미국 은행제도의 총체적 붕괴를 우려한 그는 모든 은행의 문을 닫아 걸었고 전국의 여러 지역사회와 기업들은 화폐의 대안이 될 만한 것을 제시해야 했다. 오클라호마의 한 상원의원은 "종류는 상관치 않는다. 은이거나 구리거나 동이거나 금이거나 종이거나 간에"라고 말했다. 워싱턴 주 테니노의 한 지역사회에서는 자체적으로 목재 화폐를 만들어내기까지 했다.

하지만 3월의 어느 날 당당하게도 "두려움 자체 외에는 아무것도 두려워할 게 없다"고 선언했던 루스벨트는 '건전한 화폐'를 주창하는 은행가와 경제학자들의 두려움을 누그러뜨려줘야 했다. 결과적으로 지역 화폐는 2~3세대 동안 사라졌다. 그런데도 피셔에게 호소력 있었던 것은 통화의 유통 속도였다. 미국 정부가 고객의 저축을 대출하는 데 따른 위험을 무릅쓰도록 은행을 설득하지 못한다면 자체적으로 지역 화폐를 창출해 계속 유통시킴으로써 부자들만의 은행에 돈이 잠겨버리는 일을 막을 수도 있었다. 스탬프 머니는 피와도 같았다. 대서양의 한편에서 이것이 철회되자 오스트리아 국립은행도 뵈르글의 경험을 억누르려고 시도했다. 4년 뒤 오스트리아는 나치 독일에 병합됐다.

오늘날엔 스탬프를 붙이는 귀찮은 일 따위는 필요없다. 컴퓨터가 계산을 다 해줄 것이기 때문이다. 스탬프 머니는 사람들이 실질 화폐(저축을 위한 화폐)에 바라는 안정성을 줄 수는 없다. 하지만 교환의 수단으로는 충분히 기능할 것이다. 우리는 아직도 게젤, 피셔, 운테르구겐베르거에게 배울 게 있다.

리처드 더스웨이트
『짧은 회로 : 불안정한 세상 속에서 안전을 확보하기 위한 지역경제 강화』

실질 가치 화폐

불변 가치 화폐

세계 어느 나라에서도 백성들의 신뢰를 악용하는 왕자와 주권국의 탐욕과 부정이 본디 동전에 깃들어 있던 금속의 실질적 품질을 차츰 떨어뜨려왔다.
-애덤 스미스

경제가 어려울 때 사람들은 자체 통화를 창출하는 일에 관심을 가져왔다. 그 어려움이 경제를 순환하는 화폐량을 줄이는 것일 때 사람들은 보다 이용하기 쉬운 새로운 통화를 창출할 길을 찾게 마련이었다. 하지만 그 어려움이 악성 인플레이션이라면 사람들은 보다 믿고 의지할 만한 다른 수단을 찾게 된다.

1970년대 가장 매력적인 화폐창출 실험의 하나는 인플레이션 없는 통화에 대한 것이었다. 이는 녹색운동의 창시자이기도 한 랄프 보르소디가 87세에 만들어낸 작품이었다. 그는 인플레이션이 문제가 되기 족히 4반세기 전에 이미 이를 경고했으며(그의 유일한 베스트셀러 제목이 『인플레이션이 오고 있다』이다.) 대서양 양쪽에서의 전후 물가상승을 예언했다. 그는 대공황기에 어빙 피셔를 도와 스탬프 머니(p212 참조)를 개발하기도 했다.

1970년대 공공어 대한 정부의 사기라고 간주했던 인플레이션이 전세계를 휘

감는 것을 보고 분노한 보르소디는 실물의 지지를 받기에 가치를 일정하게 유지할 수 있는 새로운 화폐를 만들어내는 일에 골몰하게 됐다. 그는 1972년 캘리포니아 에스콘디도에서 점심을 먹으며 뉴욕타임스를 읽다가 미 연방준비은행이 달러를 평가절하할 것이라는 기사를 접하곤 분노해 즉석에서 자칭 '정직한 화폐제도'라는 것을 고안해냈다.

그해 끝 무렵 그는 고향마을인 뉴햄프셔 엑스터에서 '콘스탄트'라는 화폐를 발진시켰다. 혁명적인 것은 콘스탄트의 가치가 상품 바스켓 가격에 연동된다는 사실이었다. 엑스터, 보스턴, 런던 등의 은행에 맡긴 보르소디의 10만 달러 또한 이 화폐를 지지했다.

보르소디의 주요 문제점은 바스켓에 들어갈 상품들을 어떻게 선택하며 콘스탄트의 담보물로서 이를 어떻게 사들여 보존하는가였다. 10만 달러어치의 석유나 밀을 사들인다고 하자. 은행은 말할 것도 없거니와 자기 차고에 보관할 수도 없는 노릇이다. 그래서 보르소디는 지원팀을 구성해 선택된 상품이 해상에서 탱커에 보관돼 있는 동안 선박째로 이를 사들여 바로 팔아버리는 방법을 택했다. 그러는 동안 이익도 냈다.

1973년 2월 무렵엔 뉴햄프셔 대학 출판부가 100여 종에 이르는 화폐 27만 5,000콘스탄트를 찍어냈다. 엑스터 지방의회는 심지어 주차위반 요금으로도 콘스탄트를 받기 시작했다. 대학에 몸담은 그의 경제학자 친구들이 가치를 일정하게 유지하는 방법을 연구하는 동안 젊은 자원봉사자들은 서류작업을 하고 언론을 상대했다. 어리벙벙해하던 다른 지방에서도 이번 주에 2달러 하던 콘스탄트가 왜 그 다음주엔 2.05달러가 되는지 이해하려고 노력하기 시작했다.

　불변(constant) 가치의 화폐가 있을 수 있고 사람들이 이를 사용하리란 것을 증명해낸 뒤 보르소디는 실험을 접었다. 이는 다시 되풀이되지 않았다. 보르소디가 가장 실망한 것은 연방준비제도를 격분시키는 데 실패했다는 점이었다. 하지만 공무원들은 안도했다. 그들은 언론에 이같이 말했다. "조개껍질이든 솔방울이든 원하는 건 뭐든 유통시킬 수 있다. 사람들이 받아들이기만 한다면." 태도는 변해왔다. 30년이 흐른 뒤 자체 통화를 만들어내는 일은 여전히 합법적인 영역으로 남아 있다. 비록 전자통화에 대해서는 이제 규제가 생겨났지만.

데이비드 보일
『웃기는 돈 : 대안적 화폐를 찾아서』

채소 화폐
각자 찍어내기

유일한 해법은 각자 자기 돈을 찍어내는 것이라고 생각한다.

-프랭크 토토리엘로,
 매사추세츠 주 그레이트
 배링턴의 델리 식당 주인

프랭크 토토리엘로는 매사추세츠 주 그레이트 배링턴의 자그마한 델리(조제식품판매점) 식당 주인이었다. 그는 점포를 넓히려고 은행에 5,000달러의 대출을 신청했지만 거절당했다. 바로 곁에 본거지를 둔 E. F. 슈마허협회[*]에 조언을 구하자 그들은 그에게 자신만의 화폐를 발행하라고 제안했다.

그 결과 지역 화가가 디자인하고 '10달러어치 식료품으로 바꿔줌' 이라는 표시가 새겨진 델리 달러가 발행됐다. 이렇게 화폐가 발행되고 난 뒤 식료품점에선 이를 한꺼번에 보상해줄 수 없었기에 프랭크는 지폐 하나하나에 '몇 월 며칠 이후 유효함' 이라는 글귀를 넣어 향후 1년 동안 화폐가 상환되도록 해두었다. 위조 방지를 위해 그는 모든 지폐에 일일이 수표처럼 자필 사인을 넣었다. 이 화폐를 그는 한 장당 8달러에 팔았다. 그는 한 달 만에

---

[*] '작은 것이 아름답다' 고 주장한 슈마허의 이념을 실천하는 단체

5,000달러를 모을 수 있었다.

 이 화폐는 엄청난 성공을 거뒀다. 도급업자들은 건설현장 인부들을 위한 크리스마스 선물로 델리 달러를 세트로 사갔고 인근 대학에 다니는 학생의 부모들은 아이들에게 멋진 선물을 할 수 있다는 사실을 알게 됐다. 프랭크의 대출요청을 거절했던 은행 직원들도 델리 달러를 사주며 그를 지지했다. 그의 지폐는 제1조합 교회의 헌금 접시에도 올랐는데 교회에 오는 신도들이 목사가 델리에서 아침을 먹는다는 사실을 알았기 때문이다. 프랭크는 이 지폐를 달러가 아닌 호밀치즈샌드위치로 되갚아주었다. 이 같은 생각은 제2차 세계대전 당시 양심적 병역거부자로 2년간 복역하며 구치소의 인종격리규율을 거부했다 해서 대부분의 기간을 독방에서 보내야 했던 위대한 사회개혁가 밥 스완의 머리에서 나온 것이었다. 그는 복역중 간디와 관련된 이들의 영향을 받게 됐고 돈에 대해 깊이 생각하게 됐다. 그의 영향으로 델리 달러 아이디어는 확산됐다.

 지역 농장 2곳에서 화재 복구와 겨울철 온실 난방에 드는 비용을 충당하기 '그린백' 발행이라는 아이디어를 채택했다. 고객들은 가을에 지폐를 사서 이듬해 봄이나 여름에 식물이나 채소로 바꿔갈 수 있었다. 그 결과가 '농장지폐(farm preserve note)'였다. 이 지폐의 도안은 중앙의 양배추를 각종 채소가 둘러싸고 있는 모양이었다. '우리는 농장을 믿는다'는 문구가 적혀 있고 하나당 9달러씩에 팔렸다.

 농장지폐와 잇달아 나온 '몬터레이 잡화점 지폐' '긴타로 지폐' 등은 지역주민들이 소규모 자영업자들을 지지할 수 있도록 해 지역경제가 한층 독립적으로 될 수 있도록 도와주었다.

　스완은 화폐 가치를 담보하는 문제를 우려했다. 하지만 지역에서 생산되는 에너지, 닭, 장작 등 어디서나 쉽게 접할 수 있는 지역 생산품으로 가치를 지탱함으로써 지역 화폐를 한결 이용하기 편한 것으로 만들었다. 요점은 지역에서 보유한 자산만으로 충분히 돈을 창출해낼 수 있다는 것이다. 우리는 스스로 생각하는 만큼 그렇게 가난하거나 종속적이지 않다.

www.schmachersociety.org

DIY 화폐 1
레츠(LETS)

대공황이 지나가고 난 아침 한 남자가 건설현장에 일을 구하기 위해 나타나자 십장이 말했다. "여보게, 미안하지만 오늘은 일할 수 없네. 인치(inch, 측량의 단위)가 남아 있지 않기 때문이네."
남자는 말했다.
"인치가 없다니 무슨 말씀이십니까? 목재도 있고, 금속도 있고, 줄자도 있잖습니까."
그러자 십장이 다시 말했다.
"자네의 문제점은 비즈니스를 이해하지 못한다는 걸세. 인치가 없네. 여태까지 그걸 너무 많이 사용해온 나머지 이제 더 이상 사람들에게 돌아갈 것이 없게 됐네."
- 앨런 와츠, 『시간과 영원에 대해』

돈의 역설 가운데 하나는 이것이 갈수록 정보의 전자 기호(p77 참조), 아직도 가치가 있다고 여기고 싶어하지만 그저 단순한 측정 시스템이 돼가고 있다는 것이다. 여기서 몇 가지 특징이 유도될 수 있다. LETS의 창시자 마이클 린턴은 철학자 앨런 와츠의 사례를 빌려 돈이 충분치 않다고 할 때 이는 '인치(inch)'가 충분치 않다고 하는 것과 같은 얘기라고 말했다.

생각해보면 참 미칠 노릇이다. 일하고 싶어하는 사람과 이에 필요한 원재료와 수요가 다 있는데 단지 돈이 없어 한데 모을 수 없다니. 1848년 급진적 철학자 피에르 조셉 프루동은 '인민은행'을 창립해 그런 상황이 오면 돈이 자동 창출되도록 했다. 비록 이는 혁명의 시간을 겪으며 휩쓸려 가버렸지만. 구매자는 부채를 창출해 여기에 파운드나 유로가 아닌, 다른 합의된 통화의 이름을 붙이고 스스로 일을 해 나중에 이를 갚는 것이다.

이것이 밴쿠버에서 데이비드 웨스턴이

고안해낸 '지역공동체 교환권(community exchange)'이나, 캐나다 코목스 밸리에서 마이클 린턴이 쓰기 시작한 '지방교환거래 시스템(Local Exchange and Trading System : LETS)'을 필두로 1980년대 지역 통화가 폭발하게 된 배경이다. 이런 운동에 담긴 사상은 교환의 매개체를 늘리자는 것뿐만 아니라, 경제의 양보다 질을 향상시키자는 것이었다.

웨스턴은 사회혁신가이자 학자였으며 린턴은 알렉산더 테크닉* 강사였다. LETS는 1980년대 영어권 국가에서, 1990년대는 불어권 국가에서 급속히 번졌다. 하지만 처음엔 '녹색 달러'라 불리는 상호신용통화제도로 시작했다. 우리는 세금을 낼 때나 지역경제 밖에서 들여온 원료의 값을 치를 때 등에 현찰이 필요하지만 구매시마다 각각 다른 종류의 화폐를 사용할 수도 있다. 이럴 때 자체적으로 그린 달러를 발행할 수 있으며 이는 우리가 이를 존중해 우리 화폐를 변제해주겠다는 약속을 지키기로 스스로를 구속했다는 것을 의미한다.

거래는 통상 컴퓨터 프로그램으로 기록된다. 1990년대 LETS가 400여 체제(scheme)로 번져나갔던 영국에서는 화폐에 대해 이상야릇하고도 화려한 이름이 붙여지곤 했다. 브릭스턴에선 '벽돌(bricks)', 맨체스터에선 '실타래(bobbins)' 등으로 불렀다. 지역 화폐 아이디어를 처음 내놓은 캐나다의 원래 고안자가 승인하지 않았는데도.

린턴의 LETS는 1983년 처음 시작됐다. 2년 만에 채소, 방세, 치과 진료비 등 그린 달러로 처리하는 교역량이 30만 달러어치 정도를 넘어서기에 이르

---

*발명자의 이름에서 따온 것으로 나쁜 자세를 교정하는 요법

렀다. LETS의 멋진 점은 단순명료함에 있다. 이는 이런 운동이 혹시라도 일종의 '은행'이 아닌가 우려했을 입법가나 관료들의 주의를 끌지는 못했다. 이는 또한 발행량이 얼마가 되건 문제없었다. 시스템의 차변과 대변은 늘 정확히 일치했다. LETS로 구매한 사람은 다른 사람이 사용할 신용을 창출하는 셈이다. LETS는 통상 물물교환 달러처럼 세금을 매길 수 있었지만 정부는 복지와 관련해 LETS를 어떻게 다뤄야 하는지 혼란에 빠져 있었다. 뉴질랜드와 네덜란드 등이 실업자에게 자기 지역 화폐를 쓸 수 있도록 법안을 통과시킨 나라 대열에 합류했다. 리버풀이나 셰필드 등 영국 도시 등은 LETS를 기근이 할퀴고 간 주택단지에 일종의 공동체 개념을 심어주기 위한 도구 중 하나로 실험한 곳들이었다.

현대적 화폐의 문제점은 '우리'가 아니라 '저들', 즉 은행이 발행하고 정부가 규제한다는 것이다. 지역 화폐는 공동체, 마을, 일정한 지역이 필요에 따라 스스로의 화폐를 발행할 수 있다는 의미다. 복잡한 정보를 잔뜩 짊어진 채 더 높은 수익을 찾아 세계를 떠도는 화폐가 아니라 지역에 머물며 유통되는 화폐를.

린턴은 '열린 화폐 선언(www.openmoney.org)'에서 이렇게 밝혔다. "우리는 건설에 필요한 원료와 도구, 공간과 시간, 기술과 의도 등을 다 가지고 있다. 하지만 오늘날 우리에겐 인치가 없다. 왜 인치가 부족한가? 왜 화폐가 부족한가?"

조너선 크롤
『LETS는 지역에서 활동한다 : LETS의 성장』

DIY 화폐 2
'커뮤니티 웨이'

"어떤 공동체, 네트워크,
기업도 스스로 자유로운(free)
돈을 만들어낼 수 있다.
'free' 란 자유연설(free speech)
자유 라디컬*, 자유롭게
사용가능(freely available)이라고
할 때의 free다.
하지만 '무료 점심(free lunch)' 이라고
할때의 free는 아니다."
-마이클 린턴 & 어니 야쿱,
『열린 화폐 선언』

모든 사람이 이메일 주소뿐 아니라 공동체 통화 주소(community currency address : cc)를 갖게 돼 이를 원하는 만큼의 다종다양한 화폐를 창출하는 데 쓰는 세상을 상상해보자. 예를 들어 마을 통화, 애 봐주는 통화, 도시 또는 지역 통화, 배관공들을 위한 국제통화 등이 있다고 하자. 이들은 각자 삶의 다른 부문에 어울릴 것이다.

시스템은 항상 인터넷 속에 있다. LETS를 시작한 마이클 린턴이 만들어놓은 이것은 단숨에 이용할 수 있을 정도로 쉽다. 마이클 린턴은 지난 20여 년간 은행대출을 쓰지 않고도 필요한 만큼을 고스란히 공급해줄 화폐 시스템을 만드는 일에 열중해왔다.

그 속에 스며 있는 것은 공동체가 필요한 화폐를 공급하는 방법에 대한 완전히 새로운 생각이다. 이 시스템은 기업체의 후원을 받고 있지만 기업은 돈이 한푼도

*free radical : 보통의 분자에서와는 달리 짝짓지 않은 전자를 가지는 원자단

들지 않는다.

'커뮤니티 웨이(community way)'로 알려져 있는 이 시스템은 캐나다 서부 해안 쪽에서 아직도 운영되고 있다. 그 아이디어는 다음과 같다.

- 지역 기업체는 전자 지역 화폐를 그곳 자선단체에 기부하는 형식으로 창출해낸다(이는 지역 화폐이기에 전자 장비를 제외하곤 현찰이 들 일이 없다).
- 자선단체는 이 전자 포인트를 파운드나 달러를 받고 지역 기부자들에게 판다.
- 전자 포인트를 얻은 이들은 이걸로 원하는 것을 산다. 부가세를 포함한 기본 현찰 가격을 공식 유통 화폐로 표시할 수 있는 상품이라면 어느 것이나 살 수 있다. 참여기업은 모두 일정한 조건으로 전자 포인트를 받는 데 동의한다. 정상 가격의 20~50%, 때로는 80%까지 쳐주기도 한다.
- 이는 이를 처음 발행한 기업체로 되돌아갈 때까지 계속 유통된다. 전자 화폐를 되돌려받은 기업체에는 한번 더 이에 대한 소비나 기부가 촉진돼 순환은 계속 유지된다.

속임수처럼 들릴지 모르지만 그렇진 않다. 기업체는 지역 화폐를 받아들여 새로운 고객을 끌어들임으로써 마케팅 예산을 절감할 수 있다. 지역의 기업체는 무(無)에서 화폐를 창출한다는 측면에서 은행과 같은 역할을 한다. 모두가 이기는 게임이다. 또한 지역 화폐는 지역공동체에 생혈(生血)이 돌도록 도와준다.

스마트 카드, 전화, 인터넷, 서류 등록 등을 통해 이를 시도해보려는 계획이 대도시에서도 생겨나고 있다. 이를 통해 이중 통화 거래가 한결 수월해질 것이다.

'커뮤니티 웨이'은 현찰이 고갈돼버린 일부 지역 사회에 대한 상상력 풍부한 해답이며 이미 효력을 발휘해왔다.

아일랜드 전원지방에서 : EU의 재정지원을 받아 로마의 통화(로스커먼 메이요)를 유통시키는 실험이 진행됐다. 지방 라디오 방송국이 지역 경제에 쓰일 로마 화폐를 발행했다. 로마 화폐는 유통되다가 광고에 대한 대가로 방송국에 되돌아왔다.

미니애폴리스에서 : '공공복지(Commonweal) 계획'으로 달러와 공동체 안에서 남을 도운 대가인 '시간 신용'을 이중으로 기록하는 신용카드가 나왔다. 이 돈으로 미니애폴리스 밖의 몇몇 미국 대형 쇼핑몰에서 재화와 용역을 살 때 물건 값의 일부를 낼 수 있었다.

공공복지의 고안자인 조엘 호드로프는 이 제도의 핵심이 주류 경제가 무한히 생산적이라는 데 있다고 말했다. '아이 돌보기 신용' 등으로 쌓인 포인트를 주류 경제에서 구매력으로 전환할 수 있다는 얘기다. 일요일마다 원가를 충당하는 문제로 골머리를 앓아온 레스토랑이라면 재료비는 달러로 지출하더라도 음식 값은 일부를 신용으로 낼 수 있도록 함으로써 새로운 고객을 창출할 수도 있다.

이런 아이디어와 '커뮤니티 웨이'이 결합되면 전혀 새로운 다중 통화 세상의 토대가 놓이는 셈이다. 새로운 신용 시스템 도입으로 지금까지와는 전혀 다른 삶의 측면들이 도드라지게 될 것이다.

DIY 화폐 3
아워즈(Hours)

'아워즈'는 경계선이 둘러쳐진 화폐라 지역사회 안에서만 머문다. 마을로 가서 몇몇 이들과 악수를 나누고 지구 곳곳을 떠돌지 않는다. 이는 상거래를 지역적으로 강화한다.
- 폴 글로버,
 '이타카 아워즈(Ithaca hours)' 의 창시자

화폐를 어떻게 설계할 것인가는 이를 통해 해결하고 싶은 문제가 어떤 것이냐에 달려 있다. 뉴욕 주 북부의 이타카 마을 등의 경우 가장 심각한 문제는 돈이 이곳에 남아 있으려 들지 않는다는 점이었다.

한 세대 전만 해도 한 공동체 안에서 벌어들인 화폐는 그 공동체 안에 머물며 생혈(p69 참조)처럼 순환했다. 소규모 상점에서 돈이 지출될 때마다 이는 모든 거래에 새로운 부와 현금흐름을 가져다주며 계속 순환했다.

그런데 요즘엔 대규모 공공사업체나 대형 소매상 등 외부로 돈이 곧장 빠져나가버리는 일이 잦아지고 있다. 이에 따라 작은 마을은 위축돼버린다. 또한 대륙을 넘나들며 채소를 운반하는 트럭이 내뿜는 화석연료로 지구는 점점 더 온난화돼 간다.

뉴욕 주 북부 이타카의 폴 글로버는 로스앤젤레스를 둘러싼 에너지의 흐름을 개선시킬 급진적 계획을 연구하던 중 화폐

에 관심을 갖게 됐다. 그는 라디오에서 델리 달러(p305 참조) 얘길 듣곤 이타카 아워즈 통화를 꿈꾸기 시작했다.

그의 통화는 이렇게 움직인다. 화폐의 종류는 1아워(시간), 2아워, 1/2아워, 1/4아워, 8아워짜리가 있다(1아워는 10달러어치의 가치를 지닌다). 이는 다음과 같은 3가지 방식으로 다달이 발행돼 경제활동에 쓰이게 된다.

- 격월간 타블로이드 신문 「이타카 머니」(아워즈를 받아주는 주요 업체 및 서비스를 소개하는 곳)에 광고를 싣는 이들에게, 그들의 공익적인 뒷받침과 계속 돈을 받아주는 데 대한 보답의 뜻으로 지급.
- 지역 자선단체와 비영리단체에 교부. 매달 15일 관심 있는 이들이 참가한 가운데 열리는 '물물교환 포틀럭(Barter Potluck)' 회의에서 다달이 발행되는 통화 가운데 9.5%의 교부가 결정된다.
- 지역 주민 및 기업체에 대한 무이자 대부. 지역 통화로는 사상 최대인 3만 달러에 상응하는 대출이 이타카 아워즈를 통해 이뤄졌다. 이는 지역 신용연맹 건물 신축에 쓰였다.

'우리는 이타카를 믿는다(In Ithaca we Trust)'는 슬로건이 패러디*돼 있는 이타카 아워즈는 1991년 발행돼 순식간에 성공했다. 지금은 이 마을 300여 개 사업체에서 이타카 아워즈를 받고 있을 뿐만 아니라 시장과 상공회의소

*미국 지폐에 들어 있는 'In God we Trust' 라는 문구의 패러디라는 의미

도 지지하고 있으며 마을의 일부 은행에서도 받아주고 있다.

글로브는 이타카 반경 20마일 내에서만 쓰일 수 있기 때문에 지역 통화로 돈이 홍수처럼 빠져나가는 것도 막을 수 있으리라고 봤다. 중심가가 되살아나고 대형 농산물 시장이 번창한 것을 보면 그가 옳았다는 것을 알 수 있다. 아워즈는 아래와 같은 기능을 보여왔다.

- 이를 받아주는 지역 사업체에 마케팅 측면의 우위를 부여한다.
- 경제의 변두리에 있는 사람들에게 더 많은 수입을 보장한다.
- 외부에서 홍수처럼 쏟아져 들어오던 상품을 지역 산물과 서비스로 교체한다.
- 지역 경제를 한층 지속가능하고 다양하며 경기후퇴와 인플레이션을 잘 견뎌낼 수 있는 체질로 바꾼다.

글로버는 통화가 시스템 한쪽에 몰려 쌓이는 것을 막고, 혹시 그런 상황이 발생한다면 돈이 쓰여야 할 곳을 만들어주기 위해 가능한 한 많은 사용자들과 개인적 접촉을 계속하고 있다.

자체 통화를 출범시킨 뒤 인플레이션과 유사한 일 없이 유통시키려면 특정 시점에 유통량이 얼마나 돼야 할지를 규명해내기란 쉽지 않다. 북미 전역의 80여 개 마을이 추가로 유사한 통화제도를 시험했다. 성공 정도는 약간씩 달랐다.

하지만 이런 시도가 모두 지역경제를 활성화-지역 자원의 활용을 최적화하고 농민들이 지역 시장을 이용하게 하는 등-하지는 못하더라도 또 다른 아워즈가 작은 마을의 일상에 독특함을 가져다준 것은 분명해 보인다.

DIY 화폐 4
타임뱅크와 타임달러

시장경제는 보살피고 사랑하고 시민, 이웃, 인간이 되는 일 등 진정 사회에 필요한 것이 아니라 희소한 것에 높은 가치를 부여한다.
사회에 필요한 이런 일들은 시장 가치만 높이 형성된다면 희소해지지 않을 것이라고 믿는다. 따라서 우리는 이런 데 기여하는 이들에 대해 높은 보상을 할 방법을 찾아야 한다.
- 에드거 칸, 타임달러를 떠받치고 있는 사상에 대해

선구적 법학교수 에드거 칸은 시장가치만으로 모든 것을 평가하는 화폐 제도를 걱정하기 시작했다. 언젠가는 이 제도가 공동체와 가족제도에 치명적인 독이 돼, 젊은이를 사회화시키고 노인을 돌보며 안전한 도로를 만드는 등 우리가 의존하고 있는 중차대한 인간적 기술을 모두 잊혀진 것으로 만들어버릴지도 몰랐다(p116 참조).

그는 이에 대한 해법으로 '공동생산'을 떠올렸다. 이는 일련의 전문가 집단 및 공공기관, 대행업체와 고객 간에 상호보완적 관계를 시작하자는 것이다. 여기에 이용되는 화폐가 타임뱅크에서 운영되는 타임달러 또는 타임 크레딧이다. 사람들은 이웃을 돌봄으로써 타임을 벌어들여 자신에게 도움이 필요할 때 이를 사용한다.

칸은 1980년 심장마비로 병원에 장기입원했을 때 스스로 쓸모없는 인간이 됐다는 생각에 시달리다가 이 아이디어를 떠올렸다. 그는 건강관리재단을 설득해

1987년 미국 내에 실험적 기관 여섯 군데의 문을 열었다. 현재 영국에만도 타임뱅크가 100군데도 넘고 일본, 중국, 미국, 스페인 등에는 더 많다. 결과적으로 이는 통화와 대등한 것이 됐고 가치의 저장보다는 교환의 매개체로서의 기능이 도드라졌다. 이는 사람들을 다시 연결시키고 시장 밖의 사람들에게 가치를 부여하며 신뢰를 재건하는 등 이웃을 보다 더 잘 지내게 하는 일에 초점을 맞추는 화폐였다. 이는 하다못해 전화선 저쪽에서 들려오는 다정한 목소리뿐일지라도 모든 이들이 공동체가 필요로 하는 뭔가를 갖추고 있다는 점을 재확인시켜줬다.

칸은 의사, 교사, 경찰 등 전문직업인들이라도 공동체의 적극적 참여 없이는 성공적인 직업활동을 영위할 수 없다고 말했다. 또한 타임뱅크는 '일(work)'의 개념을 재정의해 노인을 돌보고, 환자의 퇴원을 돕고, 이런 노력을 평가해 보상하는 일 등 삶에 필수불가결하지만 시장가치는 없는 활동까지 포함하는 길을 제시한다는 것이었다. 극히 급진적인 화폐 개념인 셈이다.

타임뱅크는 갈수록 지쳐만 가는 전문가들이 갈수록 무기력해져가는 의뢰인을 아무것도 보상해달라고 요구하지 않으면서 맡아 처리해야 하는 복지 관료주의의 절망적인 상황에도 해법이 될 수 있다. 타임뱅크는 양 당사자가 함께 작용해 복지, 보건 서비스, 교육 및 기타 모든 것들이 제대로 돌아갈 수 있도록 하는 방법을 제시해준다. 이 제도 아래서는 의뢰인 역시 추가적 훈련, 스포츠 지도, 컴퓨터 훈련 등을 받기 위해 신용을 '벌어들일 수' 있다. 타임뱅크는 상호보완적 관계를 만들어낸다. 복지의 수혜자이기만 했던 이들도 사회에 필요한 일을 해 신용을 벌어들임으로써 동반자적 관계를 맺을 수 있는 것이다.

사회에는 시급하게 필요한 일들이 있다. 그 가운데는 누군가의 말벗이 돼주기 등 아주 단순한 것도 있다. 그런 일에 지불할 돈이 없어도 그런 일을 해줄 사람은 있을 수 있다. 그런 사람들에겐 보상으로 기초생필품을 해결해줄 수도 있다.

타임뱅크는 '문제덩어리' 또는 쓸모없는 인간으로 치부되던 이들에게 책임감을 되돌려준다. 이를 통해 그들의 삶을 변화시킨다. 워싱턴의 10대 배심원들은 타임달러로 재활용 컴퓨터를 구매한다. 워싱턴의 죄수들은 자기 아이들과 접촉을 유지하는 일로 돈을 번다. 우울증에 빠진 이들은 노인을 돌보며 타임달러를 벌어들인다. 다음과 같은 혁신적 프로젝트들이 있다.

도시 : 타임뱅크는 현재 런던(27개 지점)이나 세인트루이스(11개) 등 도시를 가로질러 네트워크를 이루면서 서로 다른 방향의 프로젝트들을 연결시켜 상호 지원할 수 있도록 한다(세인트루이스는 타임뱅크 네트워크를 보건 시스템에 연결해 의료비를 타임달러로 낼 수 있도록 해놓았다).

학교 : 시카고 알바니와 런던 이스트엔드의 가난한 학교 55곳에서 선구적으로 이를 도입해왔다. 또래 친구의 가정교사가 돼주는 아이에겐 타임달러가 지급되며 이걸로 재활용 컴퓨터를 살 수 있다. 학업 성과는 향상되고 학교폭력은 줄어들었다.

방과후 클럽 : 슬로바키아의 도시 '칠리나'에서는 아이들이 스스로 타임뱅크 여섯 개의 네트워크를 결성해 방과후에 야심 찬 활동을 벌이고 있다.

주거 문제 : 볼티모어의 한 아파트 거주민들은 월세의 일부를 타임달러로 내고 있다.

법률 : 메릴랜드와 캘리포니아 주민들은 법률 자문료도 타임달러로 낼 수 있다. 때로는 악덕 기업주의 사무실 밖에서 시위에 참여하는 것으로 자문료를 대신하기도 한다.

교도소 : 샌디에이고의 여성 출소자들은 서로를 도와준 대가로 갱생지도 서비스에 대한 보수를 지급한다.

건강 : 보건센터나 건강보험회사는 이웃을 돌보거나 캣포드 지역의 경우 간단한 DIY를 만든 데 대해 환자들에게 타임크레딧을 지급하고 있다. 브루클린의 한 연구결과에 따르면 타임머니를 버는 이들이 훨씬 건강하게 사는 경향이 있었다.

타임뱅크를 세우려면 돈이 필요하다. 코디네이터(진행자)가 있어야 한다. 하지만 그에 대한 잠재적 보상은 이루 말할 수 없이 크다. 이 자원으로 연금예산 축소와 구멍을 막을 수 있다. 버지니아 주 리치몬드에서 몇몇 병원들은 천식환자를 돌봐주는 다른 천식환자들에게 타임머니를 지급해 2년 새 천식치료에 드는 비용을 70%나 줄일 수 있었다. 돌봐주는 일이란 다름이 아니라 그들이 약을 잘 복용하고 있는지 살펴주고 천식발작의 조기 징후를 발견해 대처할 수 있도록 도와주는 일 등이다. 성취감 때문에 천식환자들의 증세가 완화됐을 뿐만 아니라 응급실로 실려오는 천식환자의 수도 눈에 띄게 줄었다.

타임뱅크는 사람들을 다시 연결시키고 신뢰를 재구축한다. 정책결정자들이 이웃간의 유대를 복원할 길을 절박하게 찾고 있는 상황에서 앞으로 몇 년 동안 이는 몹시 중요해질 것이다.

에드거 칸
『쓸모없는 사람은 없다 : 더 이상 피할수 없는 공동생산』

그린머니

우리를 지속 가능하게 만드는 통화

다중목표 통화란 개념은 경제학에 새로운 사고방식을 가져왔다.
-에드워드 드 보노, 『IBM 달러』

항공사들이 지난 10여 년간 지급한 '상용고객 마일리지(frequent flyer miles)' 가운데 3조 마일에 이르는 어마어마한 액수가 아직 소진되지 않고 남아 있다. 항공사 경영진 가운데 한 명이 에어 마일이나 넥타 포인트가 돈의 일종인지에 대해 의문을 품는다면 항공사 경리담당은 재빨리 그렇다고 설명할 것이다.

물론 이런 로열티 포인트는 보통 돈보다 한층 미묘할 수 있다. 이는 사람들을 특정한 행동으로 이끌기 위해 남는 공간을 사용할 수 있도록 하는 정보 시스템이다. 이는 회사에서뿐만 아니라 도시에서도 적절한 방법일 수 있다.

예를 들어 브라질 도시 쿠리티바를 눈여겨보자. 이곳에서는 쓰레기를 재활용하는 사람들에게 포인트를 부여, 이례적인 성공을 거뒀다. 거리의 아이들도 도로의 쓰레기를 처리해 열광적으로 포인트를 모았다. 포인트는 피크타임이 아닐 때 버스비로 낼 수 있었다. 그 결과 쿠리티바는 라

틴 아메리카에서 가장 깨끗한 도시가 됐다.

로테르담은 라도뱅크와 시의회 교통 및 폐기물 분과의 지원을 받아 한층 더 야심 찬 계획을 추진했다. 시는 환경친화 상표가 붙은 상품 구매에서 재활용까지 무엇이든 환경친화적 행동을 한 이들에겐 대가로 스마트 카드에 전자 포인트를 부여했다. 유기농 음식이나 윤리적 기업의 제품이나 자전거를 사거나 쓰레기를 분류해 재활용센터로 가져다주면 'Nu-SpaarPas' 라는 플라스틱 카드에 포인트가 쌓이게 된다.

이 포인트로 쿠리티바에서처럼 대중교통을 이용하는 것은 물론 영화표를 사거나 스포츠 트레이닝을 받거나 동물원 입장, 교육, 무엇보다 환경친화적 관광까지 할 수 있다.

이는 타임뱅크(p234 참조)를 떠받치는 생각과 유사한 것이다. 이웃에 대한 친화적인 행동과 환경친화적인 행동은 모두 가외의 시간을 쏟아야 하는 일인데도 아무도 알아주지도, 보상하지도, 감사하지도 않는다. 'Nu-SpaarPas'란 도시의 여력을 이용해 이를 보상한다는 의미다. 극장이나 스포츠센터나 트램(도시 전차)이거나 간에. 이는 통상의 화폐를 이용한 단순 회계에서는 상상도 할 수 없는 '효율성' 인 셈이다.

로열티 포인트가 세상을 바꿀 수는 없겠지만 윤리적인 기준에 따라 구매하거나 자기 지방 물건을 구매하고, 지속가능한 방식으로 행동하는 이들에게 보상을 함으로써 환경 보존을 위한 다른 길을 제시할 수는 있다. 어쩌면 이는 대차대조표와 충돌하기 때문에 경제적 순수주의자는 좋아하지 않을지 모른다. 이는 때때로 새로운 종류의 화폐 이념에도 반기를 든다. 또한 사람들이 꼭 이대로만 움직여야 하기에 환경적 순수주의자도 이를 좋아하지 않을지 모른다. 하지만 결과적으로 로테르담은 더욱 살기 좋은 도시가 될 것이다.

www.nuspaarpas.n

국내 방출권 거래

온실효과에서 나온 화폐

돈이란 빗물처럼 순환해야 한다.
-손턴 와일더

온실효과를 줄이기 위한 이산화탄소 배출 허용치를 거래할 수 있다는 새로운 아이디어가 제기됐을 때(지금은 이것이 각국별 화석연료 소비량을 정하기 위한 끝없는 국제 기후변화협상의 기본 전제가 돼버렸지만) 이는 돈에 대해 완전히 새로운 논거가 됐다.

정책분석가인 데이비드 플레밍은 이산화탄소 배출 허용치가 국가에 할당돼 거래되지 않고 마치 전시(戰時)의 식량배급 쿠폰처럼 우리 모두에게 개인적으로 또는 기업 차원에서 배당된다면 어떨까 상상해 보라고 했다. 사실 그에게 허용치나 쿠폰이 개인 스마트카드에 입력돼 나라들 사이에서처럼 거래될 수 있다는 아이디어를 제공한 것도 달콤했던 어린 시절의 식량배급 경험이었다. 국내 방출권 거래(DTQs)라는 아이디어는 1996년「컨트리라이프」지 기사에 처음 소개되자마자 즉시 유럽공동체위원회의 시선을 사로잡았고 허더스필드 대학의 리처드 스타키 교수는 이를 한층 깊이 연구했다. 이를 이용하면 결

국 모든 개인에게 권리로서 기본소득(p156 참조)을 제공할 수 있을 것이었다.

　DTQs의 의도는 이산화탄소 방출량을 줄이는 데 모든 이들의 협력을 이끌어내자는 것이었다. 손에 잡히지 않고 정체도 알 수 없는 뭔가가 매매될 수 있다는 것을 믿지 않는다면 선도적인 시카고 거래소에서 이산화탄소 거래가 이미 이뤄지고 있다는 점을 말할 수 있다. 이뿐만이 아니다. 유럽 대륙 그린에너지(오염물질을 배출하지 않는 환경친화적 에너지) 생산자들은 이미 환경친화도에 따라 에너지를 분류해 가격을 매겨놓곤 그린에너지 사업에 뛰어들고 싶지만 풍차를 충분히 갖추지 못해 불발된 영국 전기공급업자들에게 관련 기술을 계속 판매하고 있다.

　DTQs 구상은 이렇게 전개된다.

- 국제 협상에서 영국의 연간 이산화탄소 배출량이 결정된다(이는 차차 감축될 예정이다).
- 배출 할당량만큼의 '이산화탄소 단위'가 발행돼 개인, 기업, 조직에 배당된다. 성인은 누구나 똑같은 할당량이 무료로 지급되지만 기업이나 조직은 정부가 주관하는 경매에서 입찰을 통해 구매해야 한다.
- 전기, 가스, 석유 등의 에너지를 살 때마다 영국민들의 전자 스마트 카드에서 할당량이 빠져나간다.
- 할당량이 더 필요하면 국가거래소에서 살 수 있다. 하지만 만약 아주 검소하거나 가정에서 에너지 절약을 위해 많은 투자를 한 이들은 그들의 할당량을 되팔아 돈을 벌 수도 있다. 자동입출금기, 은행 창구, 우체국,

에너지 소매상 등에서는 물론이고 에너지 공급업자들과 직접 협상해 팔 수도 있다.

이런 설계도는 미래에 화석연료가 얼마나 쓰일 수 있는지를 뚜렷이 알려준다. 이는 또한 평등하기도 하다. 플레밍은 '이런 장치로 인해 소비자들 스스로가 이산화탄소 배출 감축의 중심적인 역할을 떠맡게 된다'면서 이렇게 설명했다. "이는 소비자들의 머리 위에 올라앉아 있는 것이 아니라 그들을 참여시킨다. 따라서 이는 명쾌하다. 구도가 어떻게 돌아가고 가격이 어떻게 결정되는지 소비자들에게 뚜렷하게 보인다. 익명의 정부가 소비자들 뒤에서 가격을 결정하고 있다는 느낌을 전혀 받지 않게 된다. 이는 시민들 스스로 만든 구도다. 누구나 공정하다는 느낌을 받을 것이다."

www.dtqs.org

나날이 증가하는 물물교환

물건 맞바꾸는 상점

> 돈은 중앙은행 임직원들에게 맡겨두기엔 너무 중요한 것이다.
> -밀턴 프리드먼

전통사회에선 화폐가 없어도 바터(물물교환)가 경제의 수레바퀴를 굴러가게 해줬다. 당근 재배업자는 당근을 길러 필요한 물건과 바꾸면 됐다. 하지만 경제학자들은 바터를 경계하고 있고(1990년대 구 소련에서처럼) 한 경제체제가 심하게 붕괴되고 난 뒤엔 당근을 타이어, 라디오 건전지, 양배추, 넥타이와 바꾸는 등의 극도로 복잡한 바터가 다시 고개를 드는 데 대해 실망한다.

바터가 극히 비효율적이라는 경제학자들의 생각은 맞다. 우리는 다른 이가 갖고 싶어하는 바로 그 물건을 갖고 있어야 하기 때문이다. 하지간 신종 전자화폐를 이용한 바터는 매우 효율적이며 전세계적으로 증가하는 추세다. 경제학자들은 거의 인식하지 못하고 관청 통계담당들은 무시하기에 이는 거의 연구되지 않은 현상이지만 우리는 몇 가지 알고 있는 게 있다.

규모가 크다 : 이는 현재 전세계 교역량의

10~20%를 차지하고 있다. 수출과 수입을 직접 맞바꾸는 구식 바터 방식인 소위 '대응무역'까지 포함하면 훨씬 많아진다(가장 유명한 대응무역 거래 가운데 하나로는 서구의 상점에 처음으로 선보이는 스톨리치나야 보드카를 들 수 있다).

궁지에서 빠져나오게 해준다 : 바터는 경제학자들에 따르면 '경기역행적'이다. 경기가 침체의 늪으로 빠져들면 물물교환이 활성화되고 그 반대도 성립한다. 이에 대해서는 이론의 여지가 별로 없다.

가치를 더 후하게 측정한다 : 바터는 국제통화가 모두 가치없다고 생각하는 주식에도 가치를 부여할 수 있다. 현명치 못해서 자주색 치약을 사들여놓았다면, 특정 날짜에 예약해둔 호텔 방과 비행기 좌석의 시효가 만료되려 하면, 사무실에서 지난해 산 컴퓨터를 치우려거든(영국에선 해마다 500만 대의 멀쩡한 컴퓨터가 쓰레기 매립장으로 들어간다) 바터 통화를 사용해 그런 것들에 가치를 부여할 수 있다.

대형 바터 거래소 세 곳이 국제 바터시장을 지배하고 있다. 액티브 인터내셔널, ICON 인터내셔널, 애트우드 리처드 등이 그것이다. 이런 곳에선 고객 세 명 가운데 두 명이 포춘지 500대 기업 명단에 올라 있다. 그런가 하면 각 지방에 기반을 둔 소규모 업체들의 바터도 빠른 증가세를 보이고 있다. 대부분의 거래소가 거래를 용이하게 하기 위해 트레이드 달러, 트레이드 파운드 등 자신들만의 전자화폐를 발행하고 있는데 이런 통화는—미국에서 보험에 들 수 있기 때문인지—갈수록 경화*의 성격을 띠어간다. 현재 미국 한 나라에서만 바터 거래소가 400여 곳이 넘는다.

바터는 또한 갈수록 정교해지고 있다. 지방 거래소에서 원하는 물건을 바로 찾을 수 없으면 다른 곳과의 바터를 타진하기 위해 '유니버설'이란 국제 통화를 쓸 수도 있다. 오스트레일리아 업체인 바터카드의 영국 지사에서는 심지어 고객들에게 남는 트레이드 파운드를 어린이를 위한 자선단체인 '메트로폴리탄 폴리스'에 기부하라고 독려하기도 한다.

하지만 가장 중요한 포인트는 이거다. 세계 최대 규모의 회사들과 최소 규모 회사 가운데 일부가 모두 자체 고안해낸 화폐를 씀으로써 이득을 보고 있다면 우리라고 그러지 못하란 법이 있는가. 경제학자들은 이런 생각들이 유치하고 원초적이라고 말하지만 전세계적으로 가장 성공적인 기업 대부분이 바터를 하고 있다. 이젠 다른 이들이 해도 될 때다.

전세계 바터 규모
1999년 69억 달러
2001년 79억 달러

출처 : IRTA(국제상호교역협회)

*硬貨 : 금 내지 달러와 쉽게 교환할 수 있는 통화

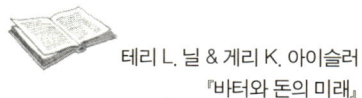
테리 L. 닐 & 게리 K. 아이슬러
『바터와 돈의 미래』

돈의 미래

멀티 통화 세상

미소 짓는 땅 위로
많은 것들을 흩어놓고
-토머스 그레이,
『시골 교회 묘지의 비가(悲歌)』

기묘하게 생긴 못이나 신기한 스크루 드라이버 따위를 원한다면 템스강 남쪽 지역 덜위치의 '로드십 레인'을 찾아가보면 절대 틀릴 일이 없다. 이 작은 DIY 상점에는 이런 것들을 넘쳐난다. 하지만 이런 점포들은 최근 존재에 위협을 느끼고 있다. 근처에 남아 있는 마지막 녹지대 끝자락에 홈베이스 대형 백화점을 짓기로 한 계획이 실행되면 보나마나 로드십 레인의 특성은 없어지고 말 것이다. 홈베이스의 대차대조표는 거대한 부양효과를 누릴지 몰라도 지역사회는 중요한 뭔가를 잃게 되는 셈이다.

부(富)의 이런 측면은 왜 대차대조표상에 나타나지 않는가? 화폐가 사람들의 선호도를 반영하는 것이라면 이런 지역사회의 선호도는 왜 반영되지 않는가? 국제 통화는 이런 종류의 부에 대해서는 장님이나 다름없다. 결국 국제 통화는 작고 지방색 강하고 인간적인 가치를 가격경쟁으로 밀어내 궁극적으로는 금융 서비스를 제외한 모든 것을 구축하고 말 것이다. 통화는 좋은 측정수단이 되지 못한다. 통화가 놓쳐버린 것은 무시돼 곧 잊혀진다. 그리곤 사라져버린다.

사람들은 서로 다르기에 각기 다른 방향으로 움직이고 다른 자산에 가치를 부여하는 다른 종류의 화폐를 필요로 한다. 뿐만 아니라 우리 삶의 서로 다른 측면에 대해 각각 서로 다른 화폐가 필요하기도 하다. 그렇지 못하다면 도시의 일부는 부유해지고 일부는 가난해진다. 마찬가지로 개인 삶의 일부는 부유해지고 일부는 가난해져버릴 것이다. 따라서 우리에겐 여러 종류의 통화가 필요하다. 사회 경제를 지원할 타임뱅크가, 화폐와 자원이 지방에서 유통될 수 있도록 돕는 지방 통화가, 소규모 업자들에게 저리의 융자를 해줄 수 있는 지역 통화가 모두 필요하다. 또한 재생 가능한 에너지에서부터 지방 채소 값에 이르기까지 다양한 것들로 가치가 지지되는 실험적 통화도 여럿 필요하다.

정통 경제학자들은 이런 다중통화시대가 결코 오지 않을 거라 말하지만 이는 이미 일어나고 있다. 지금 세상에는 9,000여 개의 지역 통화가 있으며 대부분은 라틴 아메리카의 것이다. 뿐만 아니라 선불 전화카드 포인트에서 대중 교통수단 등의 남는 공간을 활용하는 수단까지 또 다른 신종화폐들이 생겨나고 있다. 훈련이건, 사회 개발이건, 지역 경제 재건이건, 목적이야 어떻든 간에. 영국에서도 유로는 물론 이 모든 것들이 유통되고 있다.

지역 통화는 지방 사람들의 기능을 인정하고 그들이 필요로 하는 일에 힘을 합치도록 만든다. 거대 통화도 대륙 단위로는 이런 일을 할 수 있겠지만 어떤 이유에서건 현찰이 고갈된 지역사회에서 그런 일을 떠맡기는 어렵다.

환경 경제학자 리처드 더스웨이트는 한 나라 안에 네 종류의 화폐가 필요하다고 했다.

- 국제 통화는 국가간 거래에 쓰여 지구의 교역 역량 안에서 세계 경제가 굴러가도록 해준다.
- 국내 거래 통화는 국내 거래를 위한 것으로 중앙은행이 무이자로 발행해 상업활동을 촉진시킨다.
- 사용자 지배 통화는 LETS, 타임뱅크 등을 일컫는 말로 자기 고장 삶의 다양한 측면을 지탱해준다.
- 가치 저장 통화는 주택이나 다른 자본재 구매를 위한 저축용으로 개개인의 저축은 곧 국가의 번영으로 연결된다.

우리는 정부가 이 모든 것을 만들어주길 기다릴 필요가 없다. 우리 속에 이미 모든 자산이 다 들어 있으며 타임크레딧 같은 새로운 통화는 그간 버려져 온 인생의 모든 측면-노인이나 젊은이의 시간, 지난해 모델인 컴퓨터 등-을 인식하고 가치를 부여할 수 있게 해준다. 뿐만 아니라 알려지지도, 측정되지도 않았던 어마어마한 인간적 필요성에 눈을 돌리게 한다.

우리는 이를 스스로 할 수 있다. 다른 말로 하자면 혼자가 아니라 서로 힘을 합쳐서. 우리가 필요로 하는 부의 기반을 스스로 창조할 수 있다.

리처드 더스웨이트
『돈의 생태학』

7장
영적인 돈

돈은 영적(靈的)인 건강의 표현이 될 수 있을까? 그 뒤에는 우리가 이해해야 할 또 다른 진실이 있는 게 아닐까? 화폐의 흐름이 또 다른 힘의 작용을 반영하는 불가사의한 영역도 있을까? 누가 알랴. 그러나 이런 질문들을 통해 우리는 부(富)란 어떤 것이어야 하는지 그 의미에 대해 한층 넓은 시야를 가질 수 있을 것이다.

돈은 실제로 존재하는가?

최후의 순간에는 가지고 갈 수 없다

아이들이 "요정을 믿지 않아"라고 말할 때마다 이 세상 어딘가에서 작은 요정이 하나씩 죽어간단다.
-J. M. 배리, 『피터팬』

조지 엘리엇 소설의 주인공인 수전노 사일러스 마너처럼 세속의 부를 매트리스 아래, 또는 마루청 아래 쟁여둘 수 있는 나날들이 아주 가버린 건 아니다. 물론 그렇게 하는 게 좋은 생각은 아니었지만. 아직도 우리 돈의 대부분은 실제로 존재한다. 그걸 현찰로 바꾸는 아주 짧은 순간에 한해서이긴 하지만. 나머지 시간 동안은 돈은 컴퓨터상의 한 신호로 사이버공간에 저장돼 있다.

우리가 대단히 부유하고 권력도 있다면 이 신호는 거의 무제한적으로 팽창한다. '신시내티'의 투자자문가 폴 헤린저는 1987년 미니애폴리스 상점 체인인 데이튼 허드슨을 입찰가격 68억 달러에 인수하겠다고 선언했다. 이 가격은 데이튼 허드슨의 자산보다 67억 달러가 많은 것이었다. 누가 무엇이든 차입할 수 있었던 이 무모한 시대에 그는 월스트리트의 광범위한 신망을 얻고 있었고 데이튼 허드슨의 주식은 10달러가 뛰었다.

그의 변호사가 재앙을 막기 위한 노력으로 자신의 고객이 정신적으로 아프다고 설명한 헤린저는 자기 집 잔디밭에서 가진 TV 인터뷰에서 입찰이 장난이었느냐는 질문을 받곤 이렇게 말했다. "나도 모르겠다. 다른 것들보다 심한 장난은 아니었다."

회의적 성향의 금융 저술가 제임스 그랜트가 자기 책에 '마음의 돈'이라는 이름을 붙였을 때 그게 바로 그가 뜻하던 바였다. 은행에서 빌린 돈을 빌려준 쪽이나 빌린 쪽 모두가 자산으로 여기는 이상한 세계에 우리는 지금 살고 있다.

하지만 돈이 개입되지 않는 다른 감각도 있다. 돈과 우리의 관계는 종종 객관적 절차라기보다는 우리 마음속에 일어나고 있는 작용의 표현일 때가 많다. 인생의 다른 모든 것처럼 여기 너무 집착하면 손가락 사이를 빠져 나가버리기 쉽다. 반면 이를 기부하면(많은 종교에서 기부하라고, 또는 십일조를 내라고 요구하듯) 이는 오히려 되돌아오는 것처럼 보인다.(p257 참조)

우리는 또한 시장에서의 주식 가치가 얼마나 이에 대한 믿음에 의존하는지 잘 알고 있다(p65 참조). 주식이나 통화의 가치는 분위기나 날씨 등에 영향을 받기도 하며 트레이더들이 믿는 대로 이뤄지게 된다. 믿음이 부를 창조한다. 다른 말로 하자면 믿음이 대성당을 물 위에 떠다니게 만든다. 그게 없다면 우리는 서로를 믿지 못해 돈거래를 할 수 없을 것이다. 믿음이 돈을 창조하고 회의주의가 돈을 해친다.

이런 의미에서 부채는 소유와 비소유 사이에 놓인 심각한 영적 불안이며 단어 자체가 이로부터 파생돼 나왔듯 죽음에 가깝다. 이런 의미에서 역시 돈의 중요성은 그 실질(요즘 대부분 통화의 심장부엔 정부 부채만 잔뜩 쌓여 있다)에 있지 않고 배후의 에너지에 있다. 통화는 라틴어 'currens' 에서 나왔는데 이는 회전시킨다는 의미다. 그게 바로 효과적인 일이다.

우리가 이를 믿고 서로 관계를 가질 때 돈은 순환하고 부는 자라난다. 은행에서 잠자는 돈은 존재하지 않는 거나 마찬가지다.

불교생물학자 호세 레이식은 '아이를 키우려면 마을이 필요하듯 돈을 창조하기 위해서도 마을이 있어야 한다' 면서 이렇게 말했다. "이런 사실을 잘 알아야만 우리 인생을 전체적인 것으로 만들기 위한 중요한 첫 발자국을 떼어놓을 수 있다. 돈은 그 자체로 존재하지 않는다. 이는 우리와 따로 떨어져서는 가치와 의미가 없다. 궁극적으로 등식은 아주 간단하다. 우리가 그것이다."

디팩 초프라
『풍요의 창조 : 보다 부유한 삶에 대한 A부터 Z까지 가이드』

모든 것을 기부하다

박애주의의 짜릿함

자기가 가진 것을 주지 않는 자는
자기가 원하는 것도 가질 수 없다.
- 헨리 3세,
  그는 이 문구를 웨스트민스터 궁의
  '채색방(Painted Chamber)' 문에
  써 넣었다.

100만 미국인들이 향후 20년간 각각 100만 달러 이상의 재산을 물려받게 돼 있다. 50세 이상 미국인들의 순자산은 총 8조 달러. 이 어마어마한 수치가 30여 년 내에 한 세대에서 다음 세대로 상속될 것이다. 이는 앞선 세대의 풍요로운 선물일 수도 있지만 불편한 부담이 될 수도 있다.

이런 문제가 유산을 상속받은 이들을 지원하는 조직을 낳았다. 런던의 '펀딩 네트워크', 샌프란시스코의 '돈의 의미와 선택', 보스턴에 기반을 둔 '임팩트 프로젝트' 등이다. 물려받은 유산을 기부할 수 있도록 격려하는 조직이다. 앤 슬리피언과 크리스토퍼 모길이 이런 조직의 창립자들이다. 모길은 1978년 자신의 포트폴리오에 의문이 생긴 뒤 주식 중개인 비서의 전화를 받고서야 그가 어마어마한 돈을 상속받았다는 사실을 깨달았다. 그는 한 글에서 "왜 내가 이런 특권을 누려야 할까 괴로웠다"면서 "내가 이기적이고 제멋대로이며 일과 관련된 불확실성을 참아

내지 못하는 게 아닌가 고민했다. 밑바닥에 있는 것은 극히 단순한 의문이었다. 내 재산을 기부해야 할가 아닐까, 하는" 이라고 털어놓았다.

이런 극적인 단계를 밟은 인물들 가운데는 '자선이 깃든 곳(Habitat for Humanity)' 의 설립자인 밀러드 풀러도 포함된다. 부인을 자신에게 돌아오게 하기 위해 벌어들인 모든 것을 기부한 인물이다.

프록터 앤 갬블의 상속자 로비 갬블도 있으며 자신이 소비한 만큼을 기부하려 해온 벤 앤 제리 아이스크림의 벤 코헨도 있다. 1986년 그는 주식 50만 달러어치를 기부해 벤 앤 제리 재단을 세웠다.

TV 재벌 테드 터너도 유엔 프로젝트에 10억 달러를 기부했으며 도미노 피자 설립자 토머스 모나한도 C. S. 루이스의 책『단지 기독교 정신으로(mere christianity)』란 책을 읽고 10억 달러에 달하는 주식을 팔아 이를 기부했다. 쇼핑몰과 축제형 시장(페스티벌 마켓플레이스)의 창시자인 제임스 라우스도 이 대열에 합류했다.

20대 때 상속재산의 75%에 달하는 45만 달러를 기부한 교사 에도라 프레이저는 이렇게 썼다. "시카고 남쪽에서 온 거시라는 흑인 여성이 날 돌봐줬다. 그녀는 내가 고등학생이 될 때까지 우리 가족을 위해 일했다. 나는 항상 그녀의 옷이 다르고 우리는 차를 끌고 다니지만 그녀는 버스를 탄다는 것을 의식하고 있었다. 우리 집에서 그녀의 존재가 내게 계급 격차를 최초로 인식시켜줬다."

에도라는 크리스마스 이틀 전에 자신의 재산을 한 묶음의 주권(株券)으로 기부했다. "밖엔 비가 내리고 있었고 길 건너편엔 구세군 냄비를 든 두 명이 종을 울리고 있는 게 보였다. 비가 나를 적시고 있었고 나는 울기 시작했다. 정말 정화되는 듯했고 너무나도 단순해졌다. 나는 행복했지만 혼자라고 생각했다. 누군가와 함께 나누고 싶었다. 그러다가 즉시 생각했다. 혼자 하는 게 좋아. 왜냐하면 이건 극히 개인적인 행동이니까. 결국 나는 혼자라는 결정을 내렸다. 이건 내 이야기다. 나는 길을 건너가 지갑의 돈을 전부 꺼내 구세군 냄비에 넣었다."

기부는 모든 종교의 고전적 주제이며 대부분의 종교에선 신도들에게 적어도 수입의 10%를 기부하는 십일조를 권하고 있다. 이런 종류의 자선이 돈에 대한 에너지를 자유롭게 풀어놓아줄 것이며 일단 우리가 이를 시작하고 나면 보다 자유롭게 우리에게 돌아올 것이라고 사람들은 말한다. 이는 물론 경제적인 관념으로는 완전히 비논리적인 얘기지만, 세상에서 일어나는 많은 일들이 비논리적인 것도 사실이다.

전통적인 기독교의 관점에서 보자면 소유물이란 가벼운 망토처럼 어깨에 걸쳐진 것이라 언제든 떨어져 내릴 수 있다. 불행하게도 망토는 강철 감옥이 돼버렸다고 사회학의 개척자 막스 베버는 말했다. 기부가 역설적으로 우리를 더 부자로 만들어줄 수 있는 것은 그래서이다.

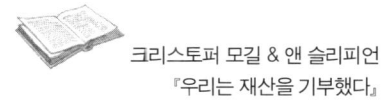
크리스토퍼 모길 & 앤 슬리피언
『우리는 재산을 기부했다』

다운시프팅
자발적 단순성

인생은 소소한 일들에
낭비되느라 갈수록 줄어들고 있다……
단순해지라. 단순해지라.
- 헨리 데이비드 소로우, 『월든』

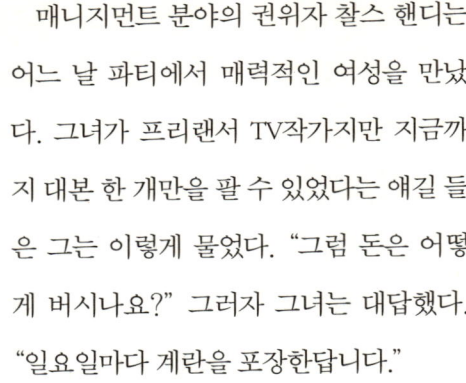

매니지먼트 분야의 권위자 찰스 핸디는 어느 날 파티에서 매력적인 여성을 만났다. 그녀가 프리랜서 TV작가지만 지금까지 대본 한 개만을 팔 수 있었다는 얘길 들은 그는 이렇게 물었다. "그럼 돈은 어떻게 버시나요?" 그러자 그녀는 대답했다. "일요일마다 계란을 포장한답니다."

그의 요점은 갈수록 사람들이 직업이 아니라, 자기 꿈이나 또는 다른 것으로 스스로를 규정한다는 것이다. 많은 이들에게 꿈이란 주변 사람들보다 더 많은 돈을 벌기 위해 뼈 빠지게 일하는 것을 포함하지 않는다. 살고 싶은 곳에서 살기에 충분한 수입을 신중하게 벌어들이려는 것이다.

많은 경우 부유한 사회는 분명 숨은 비극과 조용한 절망을 드러내고 있다. 미국의 미래학자 제럴드 셀런트는 이렇게 말했다. "사람들은 매우 공허해 물질의 축적이나 지위의 상징 또는 이를 나타내는 사람과의 대리 교제로 얻을 수 있는 것보다 훨씬 깊은 열정을 추구하고 있다." 그 결

과 다운시프팅* 현상이 나타나고 있다.

'다운시프트족(다운시프터)'의 존재 자체만으로도 우리 모두가 언제나 수익의 극대화를 추구한다는 경제학 이론은 수명을 재촉당하게 된 셈이다. 이는 또한 치열한 경쟁사회에 대한 저항 선언이다. 세계 최고의 부자나라 미국에서 경기가 정점에 달했을 때도 근무시간 기준으로 한 시간당 7,000여 곳이 파산했고 사람들은 항우울제를 엄청난 속도로 삼켜댔다.

과거에도 헨리 데이비드 소로나 『좋은 인생』을 쓴 톰과 바브라 굿 같은 인물이 있었지만 최근의 다운시프터 세대는 『자발적 단순성』이라는 영향력 있는 책을 쓴 미국 작가 듀언 엘진으로부터 촉발됐다. 그는 이를 '과정에서 더 많은 것이 우리 인생에 되돌아온다는 믿음 아래 더 적게 소유하며 살아가려는 신중한 선택'이라고 했다.

1990년대의 다운시프팅은 덜 바쁘게, 보다 많은 시간을 갖고, 보다 진정한 삶을 살기 위해 쳇바퀴 같은 일상과 거리를 두려는 노력이다. 결국 우리 인생에서 관계를 보다 중심적인 가치로 만들려는 것이다. 이런 단순한 정의에 따르면 영미 인구의 4분의 1은 다들 어떤 의미에서는 다운시프터인 셈이다.

하지만 그 가운데서도 가장 열광적인 인물은 에이기 대시친이었다. 그녀와 남편 짐은 맞벌이로 20년간 일했지만(그녀는 그래픽 디자이너, 남편은 미 해군에 있었다) 고작 1,500달러 정도를 모았을 뿐이었다. 그래서 그들은 엄청난 상상력과 열망으로 돈을 쓰지 않는 일을 시작했다. 7년이 지난 뒤 그들은 집

---

*자동차를 저속기어로 변환하듯, 숨 가쁜 일상과 사회적 성공보다는 생활의 질과 여유 속에서 삶의 만족을 추구하자는 것

의 봉급에서 4만 9,000달러를 모아 메인 주에다 농가주택을 샀다. 그게 끝이 아니었다. 에이미는 자신의 발견을 「구두쇠 월」라는 곳에 실어 모두가 자기 아이디어를 공유할 수 있게 했다. 그 가운데는 이런 것들도 있다.

- 아무도 방문하지 않을 때는 화장을 하지 않는다.
- 주전자에 물을 끓이고 나서 남는 물은 보온병에 부어두라. 나중에 다시 끓이느라 에너지를 낭비하지 않도록.
- 탈지우유로 부족한 마가린을 채워라.

1990년대 중반 「구두쇠 월보」가 대단한 성공을 거두는 바람에 아이러니하게도 그녀는 은퇴해도 될 만큼 부자가 됐다. 1990년 처음 「퍼레이드」지에 소개됐을 때 에이미가 받은 우편물은 44피트나 쌓였다. 이밖에도 다른 곳들보다 더욱 단순하게 사는 삶을 장려한 두 군데 조직이 있다.

신(新)로드맵 재단은 베스트셀러 『돈이냐 인생이냐』를 공동 저술한 조 도밍게스와 비키 루빈이 설립한 시애틀의 싱크탱크다. 그들의 책은 보다 더 단순하고 독립적인 삶을 사는 방법을 제시하고 있다. 이 책은 영화 「아메리칸 뷰티」에 잠깐 나오기도 했다(www.newroadmap.org).

애드버스터스(adbusters)는 소비자 광고와 마인드 컨트롤에 반대하는, 밴쿠버에 본부를 둔 캠페인 집단이다. 이들의 포스터는 이례적이기로 유명하며 이는 밤에 작업하는 광고위원회의 작품이다(www.adbusters.org).

이들이 또 다른 이들과 힘을 합쳐 세계에서 가장 강력한 운동의 뼈대를 세웠다. 돈이 어떻게 '진정한 부'를 위협하는지 비판하기, 지구화에 반대하는 캠페인을 지지하는 영(靈)적인 봉기, 이를 위해 일상에서 할 수 있는 일을 단계적으로 소개하기, 인생을 더욱 풍요롭게 해보기 등이다.

심사숙고 끝에 봉급이나 노동시간 단축을 받아들인 유럽인들 : 1 200만 명
생존경쟁에서 완전히 손을 떼고 나와버린 숫자 : 200만 명
출처 : Souee Datamonifor, 2003

폴리 개지
『24시간 가족: 일과 인생의 균형을 위한 부모용 가이드』

윤리적인 소비

슈퍼마켓의 통로를 지키는 불침번

산다(live)는 것은
산다(buy)는 것이며
산다(buy)는 것은
권력이 있다는 것이며
권력이 있다는 것은
의무가 있다는 것이다.
-19세기 국민소비연맹의 모토

사람들이 가장 싼 것보다는 가장 윤리적인 것을 구매하는 데 돈을 쓴다는 것은 자유시장주의자들에겐 저주이겠지만 존 엘킹턴과 줄리아 하일스가 1988년 발행한 「녹색 소비자 가이드(Green Consumer Guide)」의 성공은 그런 행동이 얼마나 넓게 퍼져 있는지 잘 보여준다. 고객의 40% 가량이 환경친화적이며, 유기농 제품이며, 정당한 거래의 산물인 '윤리적' 제품을 구매할 때 돈을 더 지불할 의향이 있다는 것을 깨달은 슈퍼마켓 업자들은 서둘러 그런 물품 구색을 의무적으로 갖췄다.

이런 현상은 아파르트헤이트(인종차별정책) 아래서의 남아프리카 공화국 제품에 대한 보이코트로부터 시작돼 어종 보존에 힘쓰는 MSC(Marine Stewardship Council)와 지속가능한 목재의 사용을 지원하는 FSC(Forest Stewardship Council) 등 국제연합 환경단체와 노동착취공장을 반대하는 ETI(Ethical Trading Initiative)에서 절정에 이르렀다. 유기농 식품, 돌고래 친환경적인

참치*, 재활용 종이, 정당하게 거래된 커피, 에너지 절약형 전구 등은 윤리적 소비자의 힘을 입증하는 증거인 셈이다.

하지만 소비자보호운동은 기껏해야 그 정도에 머물러 왔다. 소비자운동은 교토 의정서**에 위해를 가하려 했던 에소(Esso)***에 대해 그러했듯 기업체를 응징할 수 있다. 또한 '보다 공정한' 제품이 진열대에 놓이도록 유도할 수도 있다. 하지만 사람들은 여전히 제공되는 것 가운데 최선의 것을 선택할 수밖에 없다. 사이비 광고나 연료 소모적인 교외 쇼핑센터 등 근본적 구조는 건드릴 수가 없다. 그렇더라도 주목할 만한 성과를 적지않게 거둔 것은 사실이다.

- 무연(無鉛) 휘발유가 현재 시장 선도적인 위치를 점하게 됐다.
- 영국에서 유기농 식품의 소비는 연간 25%의 증가율을 보이고 있다. 2001년과 2002년 사이 공정교역 식품과 함께 유기농 시장은 25% 이상 성장했다.
- 2002년 한 해에만 그린모기지(환경친화적인 장기주택저당대출)가 50% 이상 늘어났다.
- 계란 시장은 일반적으로 하향국면이지만 놓아 기르는 닭에서 나온 계란은 갈수록 인기를 얻고 있다.

---

*돌고래를 해치지 않는 그물로 포획한 참치
**각국별 온실가스 감축 목표치를 규정한 의정서
***다국적 정유업체. 부시에게 교토 의정서를 탈퇴하라고 로비해 보이코트의 대상이 됐다.

• 영국의 상점에서 참치는 오로지 돌고래 친환경적인 것만 팔린다.

영국의 윤리적 시장 규모는 현재 한 해 68억 파운드에 달하며 꾸준한 성장 추세를 보이고 있다. 세계 176개 국 시장 규모는 3,500억 파운드가 못 된다. 윤리적 소비자운동은 다음과 같은 보다 정교한 아이디어를 이끌어내기도 했다.

소비자 협동조합 : 도쿄 세이타추 클럽이 한 예다. 이 단체는 도시에서 보다 신선한 우유를 대량 공급받기 위해 1965년 소그룹의 주부들이 출범시켰다. 거리단체 수준으로 결성됐지만 어느덧 여섯 자리 숫자의 회원을 확보해 빵집과 농장까지 운영하기에 이르렀다. 이들은 '부엌에서부터의 정치 개혁'이라는 슬로건 아래 지방정부에 선출직 의원을 내기도 했다.

공동체 지원 농업 : 미국에서 시작된 제도로 인근 주부들이 지역 농장에 기금을 출자, 그 대가로 지역의 신선한 농산물을 정기적으로 공급받는 것이다. 농부들로서는 추수한 작물을 팔지 못해 가장 자금이 필요한 시기에 보장된 수입을 얻을 수 있다는 이점이 있다.

슬로 푸드 : 카를로 페트리니가 창시한 슬로 푸드 운동은 1986년 로마의 스페인 광장에 맥도날드가 문을 열자 이에 대응하기 위해 시작됐다. 본부는 알프스 산기슭 피에몬테* 브라에 있었다. 하얀 송이버섯과 레드와인으로 유명한 이곳에서 그들은 라티카우다(Laticauda)의 꼬리 긴 양, 시엔 돼지

* 이탈리아 북서부 주

(Siennese pigs), 베수비오 산기슭의 살구 등 반은 잊혀진 전통 음식들을 되살려냈다.

윤리적 투자

도덕적인 돈

오늘 밤 당신의 돈은
무얼 하고 있는가?
-매사추세츠 주 그레이트 배링턴,
「지역경제의 자립을 위한 연합」 회보

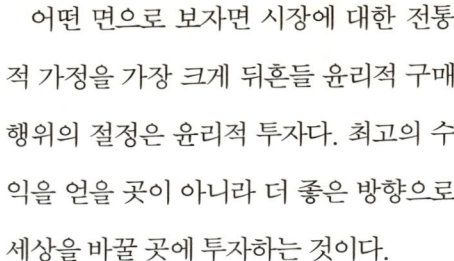

어떤 면으로 보자면 시장에 대한 전통적 가정을 가장 크게 뒤흔들 윤리적 구매 행위의 절정은 윤리적 투자다. 최고의 수익을 얻을 곳이 아니라 더 좋은 방향으로 세상을 바꿀 곳에 투자하는 것이다.

많은 자선 신탁재단이 아직도 신봉하고 있는 전제, 즉 투자할 때는 도덕성과 상관없이 무조건 최고의 수익을 올려야 한다는 생각은 항상 우스꽝스런 모양새를 낳았다. 소위 이런 '책임감' 때문에 금연조직은 담배회사에, 평화 캠페인 단체는 군수산업에 투자하게 됐다. 영국 교회조차 최고 수익률을 목표로 투자하도록 법적으로 강제되고 있다고 되풀해온 대의원들의 얘기를 좇은 것인지, 플레이보이 채널에 투자해온 것으로 드러났다.

대서양 양쪽 사람들은 갈수록 자신들의 부에 대해 보다 신중하게 생각하고 있고, 적어도 세상을 보다 살기 좋게 만들기 위해(최소한 더 나쁘게 하지는 않기 위해) 투자해야 한다고 생각하고 있다. 뉴 잉글랜

드의 감리교도 한 무리가 1971년 베트남전 당시 무기에는 투자하지 않는 '팩스 월드(Pax World) 뮤추얼 펀드'를 설립함으로써 이를 촉발했다. 현재 펀드 투자금액은 90억 달러에 달한다.

영국에선 1984년 '프렌즈 프로비던트(Friends Provident)'라는 펀드의 설립과 함께 공식적으로 시작됐다. 이들이 내놓은 윤리적 단위 신탁은 제정신이 아닌 것으로 간주돼 런던 시티에서 '브라질 펀드'로 알려지기도 했다. 하지만 이는 첫해 실적순위 10위 안에 들었고 현재 영국 내 윤리적 펀드에 대한 투자는 35억 파운드에 이르고 있다.

윤리적 투자는 지난 몇 년간 증권시장에서 영국 FTSE4GOOD 지수와 이의 미국 쪽 카운터파트라 할 다우존스 지속가능지수가 출현함으로써 성년기에 접어들었다. 이는 투자펀드가 자신들의 윤리적 포지션을 발표하도록 규제하는 새로운 법령으로 더욱 이익을 봤다. 이로 인해 더욱 많은 펀드가 과거보다 더욱 윤리적이 됐다(현재 약 50여 개의 엄격히 윤리적인 펀드가 있다).

하지만 윤리적 투자의 세계에서 한 가지 묘한 것은 이 용어가 다음과 같이 광범위한 테크닉을 의미할 수 있다는 것이다.

각 분야별 최고에 대한 투자 : FTSE4GOOD 지수처럼 분야별로 가장 바람직한 행동을 보이는 기업을 뽑아서 그에 따라 투자하는 것이다. 때문에 거대 정유회사처럼 아무리 생각을 해보아도 절대 윤리적일 리가 없는 분야의 기업에도 투자하게 된다. 이는 전적으로 해당 분야 내에서의 발전 단계에 달려 있기 때문이다.

적극적인 윤리적 투자 : 이는 투자할 가치가 있는 진짜 윤리적인 기업을 찾는 것이다.

윤리적 개입 : 위와 정확히 반대되는 것으로 윤리적이지 못한 기업을 골라 지분을 사들인 뒤 이를 이용해 압력을 가하는 것이다.

윤리적 투자는 고유의 권리에서 정치적이 돼간다. 궁극적으로 각 분야에서 가장 나은 기업에 투자하는 것이 정말 윤리적인가? 윤리적 투자를 받는 일부 기업들의 경우 어떤 척도로 봐선 윤리적일 수도 있다. 어떤 기업이 직원 관리는 제대로 할 수도 있다. 하지만 기본적으로 그 기업의 산물이 지속적인 환경보존에 해로운 것이라면 어떨까. 예를 들어 석유회사나 '브리티시 뉴클리어 퓨얼(British Nuclear Fuel)' 등이 그런 경우다. 2001년 다우존스 지속가능지수는 디즈니를 포함해 46개 기업을 떨어뜨렸다. 하지만 영국 FTSE4GOOD는 어떤 회사도 탈락시키지 않았다.

결과적으로 영국 윤리 펀드의 대다수가 '애비 내셔널(Abbey National)'*이나 '보다폰(Vodafone)**' 등 몇몇 주식에만 투자하고 있다. 꼭 윤리적이어서라기보다는 담배나 군수 관련 기업을 피해가다 보니 그렇게 되는 것이다. 윤리적 투자는 한 발짝 더 나아가야 하며 다음 단계의 캠페인에는 이런 것들도 포함돼야 할 것이다.

* 영국계 은행
** 영국계 이동통신 기업

주주 개입의 증대 : 최고경영자가 턱없이 많은 봉급을 받아간다면 이는 주주들이 압력 행사에 실패한 것이라고밖에 말할 수 없다.

윤리적 기업 지분의 추가 발행 : 이는 윤리적 프로젝트를 위해 자금을 모으는 수단이다. '에티컬 프로퍼티 컴퍼니(Ethical Property Company)'는 2002년 주식을 발행해 420만 파운드를 끌어모았다. '사회변혁' 조직들에 더욱 많은 사무공간을 제공해주기 위해서였다.

윤리적 은행의 확충 : '트라이오도스 은행'은 현재 유럽 4개국에 지점을 두고 윤리적 프로젝트나 기업에만 돈을 빌려준다. '애스쿤 재투자신탁'이나 '런던 재건축조합' 역시 돈을 가장 필요로 하는 곳에 투자를 집중하고 있다. 협동조합은행 등보다 큰 은행들도 윤리를 업무의 중심에 두고 하고 있다.

지방 채권의 추가 발행 : 영국에서 지방정부는 스스로의 재정을 충당하기 위한 채권 발행이 허가돼 있지 않다. 때문에 그들은 그렇게 비참할 만큼 중앙정부에 의존하고 있는 것이다. 하지만 미국에선 주택금융을 위해 발행된 지방채가 지극히 안전해 대다수 사람들의 연금에 핵심적 요소가 된다.

영국에서의 윤리적 투자 펀드
1989년 1억 9,900만 파운드   1999년 24억 4,700만 파운드
1995년 7억 9,200만 파운드   2002년 40억 2,500만 파운드

7장 영적인 돈

탐욕 치료법
문제의 기초

다소 구역질나는 병적 정신상태,
누군가 전율하며
정신병 전문가에게 넘겨준
반쯤 범죄적이고
반쯤 병적인 성향의 하나.
-J. M. 케인스,
 돈을 사랑하는 것에 대해

지상에 사람들의 필요(need)를 충족시킬 것은 충분하지만 탐욕(greed)을 충족시킬 것은 부족하다는 진부한 표현이 있다. 하지만 현실적으로 둘을 따로 떼어놓긴 힘들다. 탐욕이란 때때로 필요가 채워지지 못하면 어쩌나 두려워하는 사람들의 마음의 표현이기 때문이다.

사실 돈은 그 위에 쓰여 있는 것보다 훨씬 많은 것을 의미한다. 우리 대부분의 이상한 무의식 속에서 그것은 사랑, 안전, 자유, 권력, 자기가치 등과 밀접하게 얽혀 있기 때문이다. 이는 적어도 부분적으로는 돈이란 그저 목적을 위한 수단일 뿐이며 그나마 모든 목적을 위한 수단도 아니라는 것을 우리가 한 번도 배워본 적이 없거나 적어도 믿고 있지 않기 때문이다.

탐욕과 과잉의 결과는 우리 주변에 널려 있다. 미국 부모들은 최근 아이들에게 크리스마스 선물로 4분의 1 크기의 레인지 로버스(1만 8,500달러)와 실물크기의 다스베이더 복제품(5,000달러)을 사주거나,

맨해튼에서 성인식을 위해 25만 달러를 쓰기도 한다.

탐욕이란 보이는 것만이 다가 아니다. 갈수록 더 많이 필요하다는 것은 정상이 아니며 갑부는 종종 가난에 대한 압도적인 공포 때문에 보통사람들이 쉬며 인생을 즐길 때조차 계속 밀어붙이는 것이다. 새뮤얼 존슨은 "돈과 시간이 우리 인생 최대의 부담"이며 "또한 우리 모두에게 가장 불행한 순간은 쓸 줄 아는 것보다 더 많은 것을 가졌을 때"라고 말했다.

돈 문제를 헤쳐나갈 수 있도록 도와주는 신종 치료법이 나타나기 시작한 것도 그 때문이다. 때론 문제가 탐욕과 관련된 것일 수도 있다. 물론 '탐욕 치료사'라는 간판을 내걸면 고객을 끌어들이기 힘들겠지만, 어쨌든 이는 사람들이 돈과 관련된 노이로제나, 다른 사람과 다른 돈을 대하는 자신만의 방식을 인식하고 여기에 대처할 수 있도록 도와준다.

때로는 자신의 기본적인 신념 대부분과 맞서야 할 수도 있다. 돈이 있어야 노후에 안정을 이룰 수 있다는 생각도 완전히 진실한 것은 아니다. 가장 걱정 없이 살고 있는 노인이 반드시 재정적으로 독립돼 있는 것은 아니다. 차라리 따뜻한 가족 또는 지역사회의 일원인 노인들이 더 편안할 수도 있다 (p112 참조).

대부분의 부부들은 한쪽이 돈을 모으는 역할을 떠맡으면 다른 쪽은 소비하는 역할을 한다. 때로 관계가 달라지면 역할도 달라진다. 실상 그들은 축적하거나 소비하는 상대편의 능력을 암묵적으로 존중한다. 하지만 상대방의 능력이 자신을 미치게 하거나 인색하게 만들어버리면 이를 받아들이지 못한다.

요점은 돈 그 자체는 사랑도 안정도 아니라는 것이다. 그건 그냥 돈일 뿐이다. 고객이 여전히 이를 이해하지 못한다면 급진적 경제학자들의 새로운 생각을 알려줄 수도 있다. 미니 레인지 로버처럼 엄청난 사치품에는 70%에 달하는 특별소비세를 부과하자는 것이다.

 보다 많은 것을 나눠 가지며, 지금 가진 것에만 집중해 자긍심을 높인다면 돈에 대한 강박관념을 가질 일도 없을 것이다. 아마도 그게 진정한 부의 시작일 것이다.

도로시 로
『돈의 진정한 의미』

연금술
현자의 돌이라는 미끼

돈으로 살 수 없는
유일한 것은 의미이다.
-제이콥 니들먼

13세기 화학의 개척자 로저 베이컨은 연금술이 '예술적 작용을 통해 귀금속과 색깔, 기타 다른 많은 것들을 자연 상태보다 업그레이드시키는 방법을 가르친다'고 설명했다. 그는 연금술이 다른 과학보다 훨씬 중요하다면서 그 이유를 이렇게 말했다. "연금술이 생산하는 대부분의 유용한 산물이 돈과 제반 경비를 가져다줄 뿐만 아니라 생명 연장의 수단까지 제공하기 때문이다."

가장 좋은 의미에서의 연금술이란 변화에 대한 것이다. 이는 금속뿐만 아니라 사람까지 변화시키고 완벽하게 만든다. 이는 우리가 넓은 의미에서의 부를 창출할 때 사용해야 할 것이다. 중세시대는 지나갔지만 연금술은 여전히 급진적 신교도의 한 극단을 매혹시키고 있다. 한번도 세탁하지 않은 화려한 코트 차림으로 유럽을 방랑했던 파라셀수스 같은 신비한 연금술사는 구 질서, 권위, 통제에 저항했던 신교도혁명이 배후에 감춰두고

있던 영감(inspiration)이었다.

　그들은 '화학적 혁명'의 꿈으로 의학과 정치학 등의 분야에서 구 체제의 확신을 위협했다. 이 혁명은 독점을 공격하고 힘과 의학적 지식을 보통사람들의 손에 되돌려줌으로써 인간성을 회복하려는 것이었다. 이제 5세기가 흘러 새로운 연금술이 떠오르고 있다. 우리가 늘 지니고 있는 보통의 자산, 즉 기술과 보살핌, 능력 등 기존의 좁은 경제학이 인식하지 않았던 잃어버린 자원들을 복권해 인생의 질을 높이자는 것이다. 함께 일하면 우리 모두 황금과 똑같은 것을 창조할 수 있다는 것을 사회 전면에 걸쳐 보여주려는 일종의 시위다.

　이 또 다른 종류의 신교도혁명은 이렇게 말하고 있다. 문제의 해법은 사제(은행원)들이나 왕(정부)에게 화폐 창출과 관련된 더 많은 힘을 쥐어주는 것이 아니라 우리 스스로 필요로 하는 화폐를 창출해낼 길을 찾는 것이라고. 이는 또한 인식한다. '부'라는 단어가 의미 있으려면 단순히 돈 그 자체를 넘어서 훨씬 먼 길을 가야 할 것이라고.

www.levity.com/alchemy

결론

> 우리가 회계적 이윤의 시험에 불복종하려면 문명을 바꾸기 시작해야 한다.
> -J. M. 케인스, 1933년
>
> 우리에게 가장 절망적인 것은 힘이 없다는 게 아니다.
> 가장 절망적인 것은 힘이 지나치게 많다는 것이다.
> ─넬슨 만델라, 1994년

그렇다면 이제 우린 무엇을 해야 할까? 이 책의 다양한 메시지(결국 돈이 인간사 전체를 뒤덮고 있다는)를 종합해본다면 이렇게 요약할 수 있을 것이다.

1. 우리가 돈을 쓰는 방식에는 근본적으로 도덕적 문제가 개입돼 있다. 돈은 부도덕한 것이 아니다. 도덕적이지도 부도덕하지도 않다. 돈은 중요치 않은 것들(맥도날드 체인점, 외환, 헤지펀드)에는 높은 가치를 부여하고 중요한 것들(가족, 공동체, 보살핌)은 낮게 평가한다.
2. 이 때문에 돈은 우리 사회에 보탬이 되고 우리 삶에 꼭 필요한 것들을 몰아내는 경향이 있다. 거대 통화는 변화, 다양성, 창조성을 몰아내고 그 빈자리를 돈으로 채운다. 못 믿겠거든 저지(Jersey)의 사례를 보라.
3. 돈은 적어도 삶에 필수적인 것들에 대해선 고갈돼버린 것 같다. 쓸모없

지만 돈벌이가 되는, 돈이 돈을 낳는 투자가 모든 돈을 빨아들여 실질적인 물건을 사기 위한 돈을 완전히 줄여놓았다.

결론은 러스킨의 것과 같다. 인생보다 더한 부는 없다. 하지만 위험은 해마다 분명해져가고 있다. 책을 만들거나 보리를 키우거나 식료품을 팔려는 이들은 이젠 여러 가지 공백을 감수해야 하며, 금융 투기로 우회한 이들이 그들을 압도하는 호황을 누리면서도 실제로는 아무것도 생산해내지 않는 것을 보곤 경악을 금치 못할 것이다. 과거에는 불가능했던 일이다.

이는 아주 실질적인 문제점이지만 한편 근본적으로 도덕적 문제이다. 한 무더기의 규제로도 이를 풀 수 없다. 모든 연령대의 사람들이 돈을 실질가치와 혼동해왔으며 실은 앞으로도 언제나 그럴 것이다. 하지만 그들에게 혼동하고 있다는 사실을 자각하게 하고 그 결과를 손으로 가리켜 보여줄 순 없을까?

우리 스스로 화폐에 대한 책임을 이해하는 것이 중요하다. 금리라는 '원죄'가 환경을 파괴하고 있다. 그것이 그토록 고성장과 고수익을 제시하는데 우리 대부분이 저축이며 모기지론, 연금 등으로 이에 연루돼 있기 때문이다.

화폐는 스스로 내세우는 만큼 훌륭한 가치척도의 수단이 아니다. 이는 금융 시스템과 국제 트레이더들이 중요하다고 생각하는 것은 잘 재어주지만 보통사람들에게 꼭 필요한 것은 극도로 악랄하게 측정한다. 인생의 기본적인 것들에 대해 화폐는 거의 장님이나 다름없다.

그렇다면 무엇을 해야 할까? 은행이 모든 화폐를 창출하도록 내버려두기보다는 정부에 무이자 화폐를 발행하도록 설득할 수 있다. 법령이나 세금을 동원해 기업의 비용 총액이 가격에 반영되도록 하고 환경을 보존하지 않는 활동에 대해 보조금 지급을 중단케 하고 오염의 주체들이 자신이 끼친 손실에 대해 비용을 물도록 만들 수 있다. 돈이 중간상인이나 멀리 떨어진 기업으로 빠져나가지 않고 지역 사회 내에서 순환하도록 할 방법을 찾을 수도 있다. 예들 들어 한 사람의 급여가 다른 사람의 열 배를 넘지 못하도록 제한하려는 시도를 해볼 수도 있다. 이 모두 지나친 얘기는 아니지 않은가?

토지세건 화폐개혁이건 모든 문제를 풀 수 있다고 주장하는 만병통치식 해법을 경계해야 한다. 각각의 수단이 잘 들어맞는 곳은 있겠지만 그 자체만으로 세계를 변화시킬 수는 없다. 한 가지 해법에는 '의도되지 않은 결과의 법칙(the law of unintended consequences)' 이 강하게 작용할 수 있다. 화폐 공급을 중앙집중화해 정부나 선택된 대표만 이를 발행할 수 있도록 해야 한다는 착상에서는 특히 그렇다.

중앙 집중과 독점은 항상 전제정치와 획일적 문화를 낳는 경향을 보여왔다. 이것 또한 화폐의 문제점이다.

화폐의 문제점에 대한 접근법 중 하나로 다양성을 재도입하는 것을 고려해볼 수 있다. 거대 통화와 거대 글로벌시스템은 획일적 문화로 기울어지게 마련이다. 그것들은 언어건 문화건 인종이건 자신과 다른 것들은 무조건 몰아낸다. 인간적이고 참된 경제에는 가치척도의 다양화가 필수적이다. 다시 말해 돈의 종류가 다양해져야 한다는 것이다. 그것도 국경선을 경계로 엄격히 분리되는 게 아니라 서로 겹쳐지는 것이어야 한다.

때문에 나는 미래의 돈이 우리 삶의 서로 다른 측면을 각각 반영하는 다양한 통화여야 한다고 생각한다. 미국 달러는 세계 곳곳에서 순환되고 있다. 실상 3분의 1이 미국 밖에서 유통되고 있다. 또한 유로가 영국에서도 돌기 시작했다. 하지만 그걸론 부족하다. 지방 통화, 녹색통화, 소상인 통화, 로열티 고객 통화, 시간 통화, 도시 통화, 베이비시터 통화 등 종류가 더 많아야 한다. 이 휘황찬란한 국제화 세상에 잘 맞지 않는 보통 장소의 보통사람들이 삶을 영위하는 데 필요한 것을 얻을 수 있도록 해주는 그런 통화가 필요하다.

돈의 미래는 우리의 필요를 만족시키기에 충분하게끔 우리 모두가 만들어 나가는 것이다. 탐욕은 인플레이션을 불러오지만 다양한 통화는 그런 문제점들을 비켜갈 수 있다.

가장 부패한 통화제도에 딴죽을 걸기 위해 개인이 할 수 있는 일도 있다. 그 모두가 부의 창출, 돈, 진정한 장소와 인생, 그리고 인간을 되불러오는 일과 관련을 맺고 있다.

진정한, 인간적 부

사람들 머릿속에 들어 있는 돈의 가치를 우리끼리 바꿀 수는 없을 것이다. 하지만 가장 인간적인 가치에 투자할 수는 있을 것이다. 지역에서 숙련된 장인이나 소생산자가 만든 상품을 사고, 금융전문가나 상인이나 시장이 추천하는 곳이 아니라 소생산자들을 돕는 프로젝트에 투자할 수 있다. 우리는 생산공동체에서 직접 받은 공정거래 상품을 살 수 있다. 직관을 이용하고, 또 어떤 글로벌 브랜드를 어떤 괴물이 소유하고 있는지 정보를 수집해 지구와 그곳 주민들을 파괴하는 기업에 대한 지지를 철회할 수도 있을 것이다. 글로벌 시장에서 우리에겐 자그마한 투표권-우리의 구매력-이 있으니 이를 활용해야 한다.

진정한, 인간적 장소

우리의 번화가와 도심이 어떤 곳이어야 하는지 우리가 선택할 수 있으며 이에 따라 시간과 돈을 배분해야 한다. 패스트푸드와 메가 쇼핑몰은 피하고 가능하면 지역민이 운영하는 가게나 레스토랑에 단골을 데려가려고 한다(패스트푸드와 현대적 기계 시스템을 피할 수 없다면 적어도 카운터 뒤편에 서서 비인간적 노동에 시달리는 종업원에게 말을 건넬 수는 있다). 슈퍼마켓을 이용할 때는 그들이 영업하는 지역에서 나는 과일과 야채를 갖춰놓으라고 주문할 수도 있다.

진정한, 인간적 돈

우리는 돈이 눈에 보이지 않는 뭔가가 되는 현상을 막을 수는 없지만 이는 진짜 포인트가 아니다. 우리는 세상의 다양성을 떠받치기 위해 다양한 신종 화폐가 확산되도록 도울 수 있다. 우리는 대기업의 포인트 제도를 그들이 의도하지 않았던 방향으로 사용함으로써-넥타 포인트를 거래한다든지, 이를 자선기관에 기부하는 방식 등으로-포인트 제도를 혁신할 수 있다. 우리는 지역 통화를 사용할 수 있고 그게 불가능한 곳에서는 물물교환을 하거나 기부를 할 수도 있다. 우리 지역 타임뱅크에 합류하거나 지역 식료품과 생산품을 지원하고 여기에 자금을 대는 여러 형태의 지역 시스템에도 가입할 수 있다.

진정한, 인간적 삶

우리들만으로 시스템의 무게를 감당할 수는 없지만 자신의 인생을 살아가며 이에 맞설 수는 있다. 우리 스스로 표본이 돼 다른 사람들을 참여시킬 수도 있을 것이다. 우리는 단순성과 창조력을 북돋울 수 있으며 인간관계와 창조적인 인생을 선호 차트에서 높은 순위에 올려놓을 수도 있다. 우리는 더 많은 것을 주고, 그 결과 더 많은 보답을 받아들일 것이다. 대가 없이 일해주고 금융 세상에서 절반쯤 독립한 생활방식으로 다른 이들을 놀래킬 수도 있다. 우리는 시장이 소외시켜버린 내적인 부를 사람들과 우리 속에서 발견해 이를 축복할 수 있다.

다른 모든 사람들처럼 내게도 하기 쉬운 일은 아니다. 금융 시스템을 변화시킬 수는 없지만 결과적으로 우리는 더 부유해졌다고 느끼게 될 것이다.

데이비드 보일
크리스털 팰리스
2003년 5월

역자후기

'돈이 더 많은 삶'이 아니라 '진정한 인간적 삶'

　이 책은 돈이 돈을 낳는 마술, 재테크를 자본주의 화폐체제의 모순의 하나로 비판하고 있다. 얼핏 현대사회는 대단히 풍요로워 보인다. 상점에는 끊임없이 상품들이 넘쳐나고 온갖 문명의 이기며 새로운 발견들이 늘 뉴스며 TV 화면에서 사람들을 유혹한다. 하지만 이면을 들여다보면 어떨까. 자본주의 경제의 맹주라는 미국은 날로 늘어나는 적자에 허덕이고 있다. 현대 도시인의 최소한의 존재증명이 집 한 채 갖느냐 못 갖느냐가 됐고, 이를 위해 모든 가계가 집값의 60~70%에 달하는 '모기지론'이란 이름의 어마어마한 부채를 짊어진 채 평생 그 원리금 갚아나가느라 허리가 휜 채 살아간다. 증시는 툭하면 폭락하고 연금은 고갈돼간다고 난리다.

　대체 왜 그럴까. 저자는 글로벌 경제 속에서 국경을 넘나들며 온갖 시장과 사람들의 삶을 황폐화시키고 있는 돈의 패권주의적 속성에서 그 원인을 잡아내려 한다. 이 책의 분석 대상은 '화폐' 그 자체에 피상적으로 머물지 않는다. 화폐를 태동시킨 경제체제와 자본주의 경제시스템 내의 온갖 제도들- IMF, 월드뱅크 등 국제경제기구부터 증권시장, 이자제도, 환율결정시스템까

역자후기 279

지, 그리고 그 속에서 돈의 탐욕이 유발한 온갖 대재앙들-20세기 말 동아시아를 강타한 외환위기부터 새천년 초엽 전세계를 불황 공포에 떨게 했던 닷컴 기업 주가 대폭락까지, 그리고 엔론이란 이름으로 대표되는 저 거대한 회계조작 스캔들까지를 종횡으로 답파한다. 그 규모는 박학하고 그 분석의 칼질은 참신하다.

어떤 사람은 컴퓨터 단말기 앞에 앉아 손가락 몇 개 놀리는 것만으로 어마어마한 투자수익을 올리는데 어떤 곳에선 일할 사람과 생산요소가 다 갖춰져 있는데도 작업장이 문을 닫고 사람들은 궁핍해져간다. 이런 문제를 해결할 방법은 없을까. 저자는 '돈이 더 많은 삶'이 아니라 '진정한 인간적 삶'이 초점이 돼야 한다는 전제하에 자본주의 심장으로만 집중되지 않는 돈, 지역 실핏줄 끝까지 순환하며 지역 사람들의 삶을 풍요롭게 해줄 지역화폐를 하나의 해독제로 제시한다.

최근 우리나라에서도 여러 벼룩시장이 열리고 있고 재활용센터 등을 통해 돈에 의존하지 않는 자급자족 경제생활의 작은 시도들이 꾸준히 일어나고 있다. 채소화폐, 레츠, 아워즈, 타임뱅크 등 서구의 다양한 지역화폐운동의 사례와 의미를 콕콕 짚어 소개하고 있는 이 책에서 풍부한 영감을 얻을 수 있으리라고 믿는다.

인터넷 소스

1장 | 메탈 머니

영국박물관 www.thebritishmuseum.ac.uk/worldofmoney
영란은행 www.bankofengland.co.uk
로이 데이비스, 돈의 역사 www.exac.uk/~RDavies/arian/money.html
민주화와 IMF www.undp.org/hdr2002
E골드 www.egold.com
미연방준비제도 www.federalreserve.org
IMF 개혁 www.halifaxinitiative.org
세계은행 개혁 www.brettonwoodsproject.org

2장 | 인포메이션

알래스카 퍼머넌트 펀드 www.apfc.org
컨설트 하이페리언(e-캐시 업체) www.hyperion.co.uk
그레인(GRAIN : 생물다양성) www.grain.org
금융 스캔들 www.exac.uk/~RDavies/arian/scandals
정책연구기구 www.ips.dc.org
인터낫.포럼 글로벌리제이션(Internat.Forum Globalisation) www.ifg.org
글로벌 정책 포럼 www.globalpolicy.org
베르나르 리에테르 www.transaction.net/money/bio/lietaer.html
신국제주의자(new internationalist) www.oneworld.org/ni
다국적(multinational) 모니터 www.essential.org
누수방지(plugging the leaks) 프로젝트 www.pluggingtheleaks.org
국제무역기구 www.wto.org
예스!(낙관적 미래) www.yesmagazine.org

3장 | 돈의 측정

볼링 얼론(Bowling Alone: 사회간접자본) www.bowlingalone.com
환경지표 www.substainablemeasure.com
애미타이 에치오니(Amitai Etzioni: 사회간접자본) www.amitai-notes.com

ISEA(사회감사) www.accountability.org.uk
리처드 레이어드(행복) cep.lse.ac.uk
신경제재단 www.neweconomics.org
앤드루 오스왈드(행복) www.oswald.co.uk
진보의 재정의(Redefining Progress) www.rprogress.org
증권과 외환 cssn www.sec.gov
숫자의 횡포 www.tyrannyofnumbers.co.uk

4장 | 부채

시티즌인컴 www.citizensincome.org
통화안정 포럼 www.intraforum.net/money
그라민 은행 www.grameen-info.org
회계연구기구 www.ifs.org.uk
지방자립기구 www.ilsr.org
희년부채탕감 www.jubileedebtcampaign.org.uk
희년 리서치 www.jubileeplus.org
소액신용(micro-credit) 가상 도서관 www.gdrc.org/icm
모기지(Mortgages) www.mortgagesexposed.com
불쾌한 부채(Odious Debts) www.odiousdebts.org
연금 옴부즈만 www.pensions-ombudsman.org.uk
번영하는 영국 www.prosperityuk.com
사회신용설(Social Credit) 사무국 www.douglassocialcredit.com

5장 | 미친 돈

기업 약탈자 www.corporatepredators.com
생태주의 잡지 www.theecologist.org
찰스 매케이(망상) www.econlib.org/library/Mackay/macExtoc.html
돈세탁 경계령 www.moneylaundering.com
포스트 자폐증 경제 www.paecon.net
토빈세 www.ceedweb.org

6장 | DIY 머니

바라타리아(통화 컨설팅) www.barataria.org
바터 www.irta.com

머니 인더 사우스(money in the south) 커뮤니티 ccdev.lets.net
보완적 통화 www.transaction.net
국내 교역 가격(Domestic tradable quotes) www.dtqs.org
공정한 지분(타임뱅크) www.fairshares.org
재미있는 돈 www.funny-money.co.uk
이타카 아워즈 www.ithacahours.org
레츠링크 스코틀랜드(Letslink Scotland) www.letslinkscotland.org.uk
LET시스템 www.gmlets.u-net.com
마이클 린턴 www.openmoney.org
런던 타임뱅크 www.londontimebank.org.uk
Nu-SpaarPas www.nuspaarpas.nl
E.F.슈마허 소사이어티 www.schumachersociety.org
영국 타임뱅크들 www.timebanks.co.uk
타임달러 www.timedollar.org

7장 | 영적인 돈

애드버스터스 www.adbusters.org
돌파구(breakthrough) 센터 www.lifeshift.co.uk
미국 소비자협동조합 www.coopamerica.org
EIRIS(윤리적 투자) www.eiris.org
윤리적 성과 www.ethicalperformance.com
나폴레온 힐 www.naphill.org
재기 www.resurgence.org
노동착취공장 www.sweatshopwatch.org
트라이오도스 뱅크 www.triodos.co.uk

기타 유용한 웹사이트 주소

윤리적 투자
캐럴 홀든-미한(Carol Holden-Meehan : 금융 서비스) www.holden-meehan.co.uk
래스본(Rathbones : 주식중개기관) www.rathbones.com
런던 재건축협회 www.londonrebuilding.com
애스턴 재투자신탁 www.reinvest.co.uk
펀딩 네트워크(자선단체) www.thefundingnetwork.org.uk
트라이오도스 뱅크 www.triodos.co.uk

삶의 진정한 기쁨과 가치에 기여하는
행복한 돈 만들기

초판 1쇄 인쇄 2006년 1월 20일
초판 1쇄 발행 2006년 1월 25일

지은이 데이비드 보일
옮긴이 손정숙
펴낸이 김연홍

편 집 안현주 조원미
디자인 성희찬
영 업 김은석 송갑호
관 리 박은미 이세형

펴낸곳 디오네
출판등록 2004년 3월 18일 제 313-2004-00071호
주소 121-865 서울시 마포구 연남동 224-57
전화 02-334-7147 **팩스** 02-334-2068

값 9,800원
ISBN 89-89903-83-1 03320

주문처 아라크네 02-334-3887

잘못된 책은 바꾸어 드립니다.
저작권법에 의해 보호받는 저작물이므로 무단전재 및 복제를 금합니다.